停止冲突

如何修复受伤的亲子关系

师晓霞◎著

中国妇女出版社

图书在版编目（CIP）数据
停止冲突 ：如何修复受伤的亲子关系 / 师晓霞著. 北京 ：中国妇女出版社，2024.8. -- ISBN 978-7-5127-2401-3
Ⅰ.G78
中国国家版本馆CIP数据核字第2024VA7451号

责任编辑：王海峰
封面设计：末末美书
责任印制：李志国

出版发行：中国妇女出版社
地　　址：北京市东城区史家胡同甲24号　　邮政编码：100010
电　　话：（010）65133160（发行部）　　65133161（邮购）
网　　址：www.womenbooks.cn
邮　　箱：zgfncbs@womenbooks.cn
法律顾问：北京市道可特律师事务所
经　　销：各地新华书店
印　　刷：小森印刷（北京）有限公司

开　　本：165mm×235mm　1/16
印　　张：15.5
字　　数：220千字
版　　次：2024年8月第1版　　2024年8月第1次印刷
定　　价：59.80元

推荐序一

读完师晓霞老师的这部著作，我感觉像看了一部家庭题材的电视连续剧，一个个真实的咨询场景随时呼之欲出。师老师用流畅的笔调，通俗易懂地向读者呈现了她是如何与那些有困扰的家庭工作的，又是如何帮助那些出了状况的孩子和家长的。

一般来说，当孩子出现问题时，家长都会急着寻求帮助，希望有人能开导孩子，却很少想到自己的家庭教育方式需要调整，很少意识到家庭模式有可能伤到孩子。师老师的这本书，从家庭系统观的角度出发，用鲜活的故事提醒、帮助家长学习科学的教育方式和正确爱孩子的方法，可以让家长和孩子共同成长。

师晓霞老师有扎实的心理咨询理论基础和丰富的实践经验，多年来一直勤勤恳恳地从事心理咨询工作，尤其是家庭心理咨询，帮助了很多遭遇困境的家庭，积累了上十个可供同行学习和借鉴的案例。这本书整合了她多年来积累的典型案例。这些案例中的故事就像发生在我们身边一样，在引发我们共鸣的同时，更能让我们深刻体会心理咨询师在解决孩子问题及家庭问题中所起的重要作用。

心理咨询师身处家庭之外，却能够理解每个家庭成员，看清家庭的困扰所在。书中呈现的对于不同案例、不同问题的处置方法，体现了师晓霞老师深厚的功力。

这里不得不提我国心理咨询的现状。我国有14亿多人口，对心理咨询有需求的人很多，无论年龄层次，还是所从事行业，很多人都有心理困惑。遗憾的是，我国大约只有120万人获得了心理咨询师职业资格证书，仅有4万人左右从事心理咨询行业，其中真正有工作成效的专业人员更是不到2万人，这与“十四五”规划纲要提出的“健全社会心理服务体系和危机干预机制”“完善心理健康和精神卫生服务体系”“加强儿童心理健康教育和服务”等极不相符。在学术研究方面，学者们对咨询理论、方法、技术等探讨得不少，也有大量出版物，但案例研究相对不足，出版的相关书籍更是少得可怜。

10多年前，中国青年政治学院心理研究所举办培训班，参加者都是已经获得心理咨询师资格证书的人员。经我多次邀请，师晓霞副教授前来授课，与学员分享她的案例。课后，学员反响强烈，一致认为：她对于每一个案例的处置都有相应的理论支撑，理论与案例联系紧密，让人受益匪浅。

这本书亦是如此，生动的案例之外，更有贯注作者专业功力的注解。家庭治疗基本理论、心理咨询技术的融入，可让本书在无声无息之中真正帮助每一位读者。

我想，基于此，这本书一定会引起广大读者的重视，也值得那些获得心理咨询师资格证书而没有实战经验的同行学习和借鉴，更会给广大社会工作者、学生家长和中小学教师带来诸多帮助。

田万生
中国青年政治学院心理研究所原所长、教授
2017年中秋
修订于2024年5月

推荐序二

师晓霞是我的亲妹妹。为表示区别，我叫她小师老师，因为我们家不止一位师老师，其中资格最老的是我们的父亲。我曾经也被人喊过师老师，但时间不长。现在，大家叫我酒妈，因为我女儿小名叫小酒，我笑纳成自然。

小师老师当年守在产房外面迎候自己的外甥女，当看到襁褓中的小酒一只眼半睁一只眼半闭，一副睥睨天下的派头时，这位新晋姨妈激动得快要哭了。守在门口的还有我们的母亲，她们一同期盼小生命的降临，并且十分关心我的安危。她们俩的手必然是紧紧握在一起的，不用看我都知道。

这不奇怪，人生重要时刻，以及不那么重要的时刻，甚至鸡毛蒜皮的时刻，总有家人和我们在一起。

小师老师是我们家第二个孩子。作为长女，我先她几年在家里出尽了风头。她呱呱坠地时，气氛有点儿平淡，我们的祖母迫切希望新来的小家伙是个男娃，失望之下就显得不那么重视。父亲作为一个孝子，在这一点上却表现出了温和的倔强，他反而待她更好，呵护到近乎宠溺。母亲自然也不在话下。

所以，小师老师在我们家丝毫没有感受到被忽视，情况甚至恰恰相反。童年时我们住在乡下，有一次父亲去城里粮站领供应粮，4 岁的小师老师闹着要跟着去，父亲不忍拒绝，就让她坐在自行车的前梁上，小心地护着她一路骑行。路上，她不停地念那些“农业学大寨”之类的标语，念着念着，忽然悟到一条“真理”：“爸爸，我发现了，大人都爱吃窝窝头，小孩都爱吃白面馍馍！”父亲回家后讲给我和母亲听，全家一起为这个“了不起”的发现大笑不止。当然，那时候我因为年长一些，已经学会了冷笑，我想，还不是因为大家都宠着你，你要是补充一句“姐姐喜欢吃‘二面馍’”，那就更完美了。看，我们家的食物层次是这样的：家长吃窝头，长女吃“二面馍”（玉米面和小麦面混合而成的一种准高级食物），次女吃白面馍。天经地义，我们没有任何心理负担。

属于我家经典笑谈的这个段子，是一面泛着旧时光的小镜子。从中可以看出，在那个物质生活清贫的年代，我们家的孩子仍然成长在温暖之中。父母给了我们无尽的爱与关怀，即使在他们的人生遭遇困顿的时候，也能竭尽全力为我们遮风挡雨，不让来自外界的寒意侵袭我们的心灵。

正因如此，小师老师长成了一个心有阳光的人，她总是那么开朗，那么细腻，那么善良。

小酒更是个幸运的孩子，近水楼台，得到了来自姨妈同时也是小师老师的双重关爱。她们可以毫无障碍地沟通，不超过10天一定会见面畅聊，每年更是有至少一次长途旅行，随时观照那些成长过程中的小烦恼。我当然也是幸运的，一边效仿自己的父母，全情投入，用爱与关怀拥抱小酒，一边享受着姐妹亲情与专业加持。在小酒一头闯进青春期的时候，小师老师给予我们的支撑，更是自不待言。

作为姐姐，我对她是熟悉的，但是作为一个心理学的门外汉，我不得不承认，这些年小师老师身上笼罩着一层令我感觉陌生的光环。正因如此，我满怀亲切与好奇地读了这本书。细读下来，我感觉十分强烈，真是触目惊心，平素所见所闻的那些父母与儿女相爱相杀的真实事件与书中案例有诸多类似和重叠。如果更多的人因为此书能用科学的方法和慈悲的情怀，观照心态，调整行为，那些生活中司空见惯的无奈与惋惜、伤心与愤怒、沮丧与郁闷、崩溃与绝望等也许可以在我们的智慧辗转腾挪间消失殆尽。

所以，此时我更愿意以一个母亲、一个挑剔的读者的身份，期待同样关爱孩子、珍爱家庭的你们，与我一起，翻开这本书，在每一页的淡淡墨香里，遇见小师老师——这个心有阳光的人，享受她带来的陪伴和关怀。

师红霞

北京市十大阅读家庭、全国书香家庭成员

2017 年 11 月于北京

修订于 2024 年 5 月

再版序

孩子的问题常常和家庭有关。没错，家是最能让人感觉到温暖的地方，但也可能是伤人最深的地方。

可是，家长也是无奈的。实际上，家长的教养方式大多来自自己的家长。很多人对此并不自知，甚至会说：“我可不能像他们那样对孩子。”然而，他们是怎么做的呢？很多人延续自己家长的教养方式，很多人和自己家长的教养方式唱反调，走了另一个极端。归根结底，殊途同归。

不懂得学习的家长，不会改变的家长，终究不会意识到很多教育上的问题，比如代际传承下来的教养观点、时代变化对孩子的影响等。幸运的是，越来越多的家长愿意学习，愿意学习恰当的科学教育方法。

在多年的心理辅导工作中，我发现很多家庭教育的共性问题。同时，我在思考，如何真正帮助到广大家长。我的家庭教育著作《别让“家”伤了孩子的心》正是基于这样的原因诞生的。我在书中将很多共性问题以案例的形式呈现，希望以此引发家长和孩子的共鸣，从而真正帮助到他们。此书 2018 年甫一出版，即得到很多好评。诸多读者从可读性、知识性、可操作性等方面予以认可。感谢读者厚爱！《别让“家”伤了孩子的心》于 2019 年入选中国家庭教育学会“100 本优质家庭教育指导读物”。

时光飞逝！这些年，我一直在做个案，在宣讲家庭教育知识，在写作，也在思考。

没有人能在孤岛中生活，所有人都需要关系的滋养。亲子之间的爱，是不可比拟的，它比任何一种情感都来得深厚、持久。可是，那些硬碰硬的冲突，那些令人无助的冷漠，那些让人伤心、懊恼、委屈的眼泪，无一不在表达——亲子关系所承受之重。

这不是某一个人的错。从系统观的角度来看，家庭系统中的所有成员都是互相影响的。以亲子关系为例，家长越……，孩子越……。这里的省略号所代表的词越正向，比如温和、平等、接纳、尊重等，亲子关系越和谐。反之，亦如此。出了状况的家庭，他们在这一公式中对应的省略号所代表的词大多是不理解、控制、暴躁、独断等。亲子关系可想而知。

停止亲子冲突，修复受伤的亲子关系，让亲子关系得以缓和，这是我写这本书的初衷。因此，本书再版之际，我和出版社的老师们一起确定了这个书名《停止冲突——如何修复受伤的亲子关系》。

此次再版，我还对本书的框架做了大幅调整，重新调整了案例之间的逻辑关系，对章节标题和文章标题做了统一修改。另外，在每篇文章开头，我增加了小测试，以方便读者带着问题去阅读、去思考。相应地，我在每篇文章的末尾对小测试做了回应，以真正帮助家长整理思路。

没有人愿意在自己的亲子关系中看到亲子冲突，可是常常事与愿违。我总是告诉家长们：发现问题不要紧，这表明我们需要学习一些应对问题的技能。是的，没关系，学就是了！当然，我也常告诉家长们：不要等到出了问题才开始行动。现在就去检视自己的亲子关系，行动起来吧！

祝愿所有人都拥有幸福的家。

师晓霞

2024 年 7 月

原版序

家长苦恼万分地带着孩子来做心理辅导，最终家庭成员共同参与，大家一起努力，孩子的问题才得以消除或者得到很大改善。这些年，每当此时，我都会在心中叹一声：家，是最能让人感觉到温暖的地方，也可能成为伤人最深的地方。

一个个案例，一遍遍用不同方式，演绎着这句朴实的话。

为人父母，时常会有“我是为你好”的武断，时常会忘了自己年少时的迷茫，总是期待孩子飞得更高更远，却没有意识到他们需要情感关怀，需要理解，需要一个适合生长的家庭环境。那些呈现在孩子身上的各种各样的“问题”，可以说是孩子无声的呐喊。

我终于决定，将这些个案经过必要处理之后呈现出来，期待那些已为父母、将为父母的爱孩子的家长，能够认真研读，学习怎样真正地爱孩子，帮助孩子健康成长。

这些案例是故事，又不是故事。从别人的经历中，我们可以隐约看到自己的影子。如若你读到此书的某处，心中一惊，“作者怎么知道我家的事”，请莫对号入座，因为这些故事，本就不是哪个家庭独有。我倒是要恭喜你，认真读下去，你可更有针对性地在家庭中进行调整，从而可防患于未然。

故事好看并不是目的。对于书中这些类似于咨询实录的故事，我都悉心做出批注，好让读者，包括心理咨询专业初学者、有兴趣人士能够明白咨询如何起效。那些看起来平淡无奇的话语，看似轻描淡写，却蕴含着咨询师的功力。同样的一句话，语音语调不恰当，语句组织不恰当，说话时机不恰当，很可能会起反作用。咨询师话不在多，而在于温和直击来访者的内心。

以故事来呈现案例，还有一层意义：每个故事所呈现的解决方案，都不是同类问题绝对的解决方案。每个人都有独特的个性，每个家庭都有不同的情况，解决问题的方法一定要因人而异，因时而异，因家庭而异。大家看故事时，若能注意到哪些地方触动了自己，并能尝试着做一点儿练习调整，如此，本书目标就已达成。

感谢我的来访者，我将我们一起工作的收获分享出来，期待更多家庭能够未雨绸缪，及时调整，让家真正温暖起来。

这一刻，有很多感谢涌上心头，感谢这些年来一直支持我的师长友人，感谢催促我进行分享的廖晶晶、应莹两位编辑老师，感谢在本书成书过程中倾力相助的亲爱的助理冯骅惟，爱你们。

我的家人，一如既往地支持我，使我能够心无旁骛，专心完成此书。

于我，家是最温暖的地方。本书初版出版之时，正值母亲离开四年之际。我的母亲，用她的智慧、豁达和爱，给了我们一个温暖的家，给了我柔软而坚定的内心。如今她在天堂，当会开心，开心于我可以帮助到更多的人，让更多的家庭温暖起来，如同我的家。

师晓霞

2017 年 4 月

目　录
Contents

第 2 章
内心的重建——孩子的问题也许不是问题

第 3 章

停止冲突——学会和孩子沟通

第 4 章
不再内耗——修复破损的亲子关系

第 5 章

给孩子有边界的爱——看到孩子行为背后的心理动因

第 1 章

身体的自救

——生病不一定是孩子的问题

总是生病的男生

——重压下孩子的自救

小测试

找个时间，与孩子一起各自写下最近一段时间彼此的压力（无论压力大小）。

孩子篇

- 我的压力来源：________
- 我的感受：________
- 我的解决方式：________
- 我猜想父母的压力来源：________
- 我猜想父母的感受：________
- 我猜想父母的解决方式：________

家长篇（父母可分开写）

- 我的压力来源：________
- 我的感受：________
- 我的解决方式：________
- 我猜想孩子的压力来源：________
- 我猜想孩子的感受：________
- 我猜想孩子的解决方式：________

写完后，全家人进行交流，看看会有什么不一样的发现。

大树的家在A市。自从高一入学以来，大树三天两头生病，不是发热就是腹痛。他就读的B县寄宿学校管理严格，学生一个月只能回一次家。如果学生生病，老师会给家长打电话，请家长把学生接走。

很多心理问题会以生理问题的形式表现出来。病人做了许多检查，依然查不出病因时，有经验的医生会建议从心理方面找原因。

大树父母每次带他去医院做各种检查，医生都查不出什么特别的问题。也怪，他回家后，病就差不多好了。医生猜想他会不会有心理问题。

眼看大树的学上得磕磕绊绊，又有不明原因的病，父母心急如焚。于是，大树的父母带着他坐了几个小时的火车来找我咨询。

第一次住校

大树是个高大帅气的男生，他告诉我，前天因为肚子疼被接回家，今天来北京时已经不疼了，基本每次都是这样。他说，发作的时候真的疼，有时会发热，体温计测的温度骗不了人，但是回家后温度就降下来了。他自己也很苦恼。

寄宿学校目前比较常见。家长让孩子上寄宿学校时，一定要注意关注孩子的情绪以及心理健康。

大树父亲给我讲了大树到这个学校上学的过程。大树家在市里，大树上的初中不是市重点，但也不错。大树成绩在班里相对比较好。中考后，为了孩子将来能上个好大学，大树父亲托人找关系，帮大树联系到了隔壁县城的一所私立中学。这所中学虽然在县城里，但是升学率高，因此名气特别大，家长们趋之若鹜。

高一新生大树就这样开始人生第一次住校，离家50公里，这对他显然是个挑战。

第一次读寄宿学校的孩子需要时间适应，由于孩子个性不同，适应的过程也不尽相同。家长要格外关注孩子的适应情况。

大树说："老师，我家条件不算太好，但也不算太差。

我习惯了自己住一个房间，到这边学校后，和其他 9 个人挤在一间宿舍里。每天晚上磨牙、说梦话这些就不说了，宿舍那味道，我真的不能忍。你能想象吗？我们每个月回一次家，脏衣服都得带回家洗。我现在真是久住鲍鱼之肆了。”

大树父母的教养方式似乎有点儿不一致。在这种情况下，要求严格的一方会抱怨要求宽松的一方。

大树父亲打断了他的话：“就你娇气，人家那些娃都能忍，你为啥不能忍？”之后又扭头对着大树母亲说：“都是你把孩子惯成这样的。”

大树母亲面子上有点儿挂不住，反驳了一句：“那孩子也没因为这个不上学呀，他不是坚持得挺好吗？还不让孩子说说了。”

“还不是想给孩子一个好的将来吗”

我开口道：“让孩子说说学校的情况吧，这正好也是我需要了解的。”

大树看了父亲一眼，父亲没吭声。大树继续说道：“老师，我跟你说说我们学校的时间安排。我们每天 5：30 起床，此后一直到晚上 10：00，所有事都有时间限制。比如，吃饭时间只有 15 分钟。这是什么概念？在正点下课的情况下，这个时间都不够用。我们得跑着去食堂，排队，飞速吃饭，最后跑回教室。如果老师拖堂几分钟，那更完了。”

“15 分钟时间？”我重复了一遍，“那你们吃饭的速度要非常快！”

“是啊，吃不快就得饿着。我们在教室还不能吃零食。”大树说，“你知道吗？我开学后一个月瘦了 20 斤！我说了，别人都不信我是饿的！我吃饭不快，15 分钟根本不够我吃饭，我只好天天饿着。”

看到大树母亲眼圈红了，我问道：“孩子在学校的这些情况，你们知道吗？”

大树母亲擦了一下眼泪，说：“知道呀，孩子回来说，我也很心疼，只好在他回家时使劲给他做好吃的。”

大树爸爸说：“这些我们都清楚，可是有啥办法，还不是想给孩子一个好的将来吗？我和他妈妈都没上成大学，这娃娃学习还行，我们就让他在这儿上高中，将来考个好大学。老话说，吃得苦中苦，方为人上人。念书还能不受点儿罪？”

望子成龙、望女成凤，是天下父母的心愿。“还不是想给孩子一个好的将来吗？”这话听起来无可非议。

“这学上得真憋屈”

“生活上的事就不说了，反正大家都是忍！”大树说，“我最受不了的是学习。我这个班是实验班，所有人都是按入学成绩分进来的。我本来成绩不差，但在这个班，我不管怎么努力，每次考试都垫底。我同学个个都很厉害！我们每周都有小考，考完后排名就贴在教室里。每月大考，全年级排名。排在后边太丢人了，我简直被虐到一点儿自信都没有了！”

大树提到的“一点儿自信都没有”，是值得家长思考的。孩子长期处于努力无望的环境，其自信可能一点点消失。在这一点上，成人和孩子都会面临类似的困扰。

大树打开了话匣子：“班里同学大大就是埋头学习，聊个天都是聊学习，一点儿意思都没有。我本来爱交朋友，在这个学校我一个朋友都没有。我感觉大家都没时间交朋友，净学习了！成绩不好的学生，老师也不喜欢。有一次，数学老师问我，我的中考成绩是不是我自己考的，他什么意思啊？”

学校生活中，有没有朋友、老师的态度怎样等都会影响孩子的状态。

“唉！这学上得真憋屈！我们班有几个同学退学了，

我也想退了！”大树偷瞄了父亲一眼，“我有次说了一下，被我爸打了一顿，之后再也不敢说了。”

“看来爸爸平时挺严格的。”我说。

“严，”大树偷偷做了个鬼脸，“平时我不太敢和我爸说话。”

大树父亲说道：“家里就这一个男孩，我寻思着不管严点儿他不成器。可是现在这娃也给我出了难题，过不了几天就生病，去检查又没啥事。现在，我很害怕接到学校电话。老师，你说这孩子有啥毛病？”

“有越来越多的证据表明很多病是心身疾病，也就是心理原因导致的身体疾病。这样的病人，各项生理指标基本正常，但症状依然存在。我估计大树有类似的情况。”我说，“至于咱们接下来怎么做，我还是希望能和大树单独聊一会儿，不知道大树愿不愿意？”

大树使劲点着头。

“我的身体听我的”

站在孩子的角度，体会他的不容易，是很多家长需要有意识地加强的地方。当家长能够理解孩子时，孩子会感受到来自家长的爱的力量，其应对压力的信心必将增强。

我说：“大树，我真的觉得你特别不容易。”

大树叹了口气：“唉，老师，我爸妈要是能像你一样理解我就好了。我刚才一直绷着劲，其实心里可委屈了。刚才你说那个心身疾病，我觉得我就有。我心理压力太大了。我在学校那么受罪，在家还不能直接说。我妈还行，能听我说说，可她也没什么办法。我爸基本听几句就打断，我不管干什么，他都不满意，总是骂我打我。我现在生病回家，他态度稍好点儿，不过我看他快不耐烦了。”

当家庭中的某个成员遇到困扰时，全家人互相理解、互相支持是非常重要的。

“嗯，你现在频繁生病，家长的不耐烦可能更多源于对你的担心，否则他们也不会带你来找我了。”我说。

“也是。”大树挠挠头。

“我想了解一下你生病的具体频率，一般几天一次，有规律吗？”我说道。

大树想了想，说：“我仔细一想，还真是有规律，我差不多每到周四、周五的时候就觉得熬不下去了。然后，我就开始生病。我都不知道这是怎么回事。”

“你的身体很了解你的需要啊。”我开玩笑道，“那你回到家以后都会干些什么呢？”

如果孩子遇到类似情况，家长可以仔细观察并记录症状发生的频率、发生的具体场景等，看看是否有规律可循。带孩子去医院时将相关情况反映给医生，有利于医生做判断。

“开始时我爸会先把我送到医院，接受各种检查。然后我就回家待着，不难受了就和同学出去逛逛，聊聊天。我好羡慕我很多初中同学现在的生活！我在学校时，没人跟我聊天，我想跟初中同学聊聊，又不能用手机。嗯，我这样在家休整两三天就又回学校了。”大树继续说，“由于之前在医院做了很多检查也没查出什么问题，现在我们连医院都不去了，直接从学校回家，我各种放松后再回学校。不过，我现在真是越来越不想去学校了。虽然我在家也不舒服，我爸老说我，总打击我，但家总归比学校好。”

“老师，我现在最大的愿望就是回到市里上学，哪怕上一个普通高中。老师，我学习上能吃苦，可是我实在受不了学校的这种管理。”大树苦恼地说，“我爸一直不同意我的想法，我也理解他。我想，幸运的是我的身体听我的。我要是老这样不能正常上学，也许人家学校就不要我了。这也算是我的自救吧。”大树的脸上出现了一种与年龄不相符的悲凉。

处于重压之下时，身体会有各种各样的反应。大树所谓的“身体听我的”，其实也是身体对压力的反应。当压力大时，身体会十分紧张，出现各种症状；当卸掉压力时，身体会恢复正常。

我拍拍他的肩膀，说：“我不是你的说客，不过你父母既然来了，我们会一起想办法，努力改变现状。”

适应当下的环境，还是换个新环境

大树父亲再次进来时，很急切地说："老师，你刚才说这孩子有心身疾病。我理解这就是心理问题，对吗？那他严重不严重？"

我点点头："这可以说是心理问题，因为从目前情况看，大树身体上的那些症状是由心理原因引起的。不过，我评估他的情况不太严重，他只是各方面压力太大了。"

"那就好，那就好，我们可担心了！"大树父母对视了一下。"可是我还是不明白，为什么人家学校那么多学生都没事，偏偏就他这样呢？"大树父亲满脸疑惑。

同样的环境，别的孩子没问题，我的孩子怎么就出问题了呢？这是许多家长的疑问。

我解释道："每个人对压力的耐受度都不一样，这和个人的性格特点、后天的成长环境等很多因素都有关系。我在和大树交流中发现，他各方面发展挺全面的，很灵活，不是咱们通常说的'死读书'的孩子，因此对学校严格的管理制度的接受度不高。"

这是家长常见的担心。

"哦，这样啊，那现在怎么办？他嚷嚷着要转学。转学倒也不是不行，我就怕他以后像这样挟制我，或是遇到困难就往后退。"大树父亲说道。

"客观地说，你们对孩子的看法是怎样的？"我没接话，转而问他们。

"我觉得我们孩子挺好，挺仁义，也挺爱学习，就是他爸老看他不顺眼，孩子回到家也不给好脸色看。"半天没说话的大树母亲说话了。

大树父亲看了一眼妻子，说："你还不知道我多心疼娃？他这样，我比谁都急。"然后又转向我："老师，说实话，我觉得我孩子挺好的，学习方面也挺让人省心的。我脾气不太好，还有一个观念——就是老话说的严父慈母，我觉得对他严点儿是为他好。刚才在外边我也在反思，我对孩子是不是太严厉了。”

“我想严厉和打骂、否定孩子不是一回事。无论多大的孩子，都需要父母的肯定，男孩子尤其需要父亲的肯定与支持。另外，听了你们对孩子的看法，我想，如果孩子转学了，你们对孩子的学习有信心吗？”

大树的父母一起点了点头。

“唉，就算普通高中又怎么样！退一万步讲，就算孩子将来上不了大学又怎么样，总比得病强吧！不能太逼孩子啊！”大树的父亲加重了语气。

“就是，就是！”大树的母亲附和道。

“当然了，我理解你们的顾虑。当遇到环境问题引起的状况时，要么努力适应环境，要么换个环境。通常大家的想法都是先努力适应环境，这毫无问题，我很支持。现在很多人希望锻炼孩子的抗挫力，这也很有必要。不过，还有很重要的一点，如果代价太大，收效又不是特别明显的话，那么就需要仔细考量了。凡事都没有绝对。”我对大树的父母解释道。

大树的父亲若有所思地点点头。

无论遇到什么情况，父母对孩子有信心（当然，这种信心不是盲目自信），孩子才会对自己有信心，才能尽力去做事。

男孩尤其需要父亲的肯定与支持

“刚才你们说到‘不能太逼孩子’，这是很重要的。适度的压力可以激发人的斗志。如果压力过大，可能适得其反。转学是一个解决方案，你们回去后再仔细权衡。我还想提醒的是，爸爸以后可以适当地给孩子一点儿肯定，这

如果能保证每周一次的咨询，也许大树可以在这个学校完成高中学业，不过没人敢做这样的保证。毕竟心理咨询不是万能的，还要综合考虑方方面面的因素。

样会帮助孩子提升面对困难的勇气和力量。”我说。

“其实，他爸也夸他，不过都是在背后夸他。”大树母亲适时地插话。

“这小子，当面夸，我怕他翘尾巴！”大树父亲不好意思地笑着说。

“会吗？”我笑着问大树。

“你夸我几句，我还是很高兴的。”大树摸摸脑袋，偷瞄了一眼父亲。

我又和大树探讨了适合他的舒缓情绪的方法，如运动、写日记、听歌等。他们说一个月以后再来找我咨询。

快到约好的咨询时间时，咨询室接到了大树父亲的电话。他说，家里人商量后，决定先给孩子找个学校借读，现在的学校离家近，孩子每天可以回家，很开心，已经两周没有生病了。他告诉接线员，如果之后情况有改善，就不来咨询了。

后来，我再没有见过大树一家。

无论孩子是否要离开目前的学校，父亲对孩子的肯定都是需要从当下开始做起的。

每个人都有自己缓解压力的方式，适合自己的就是最好的。

写给家长的话

和大树谈话时，有一阵子，我的心和大树一样悲凉。

我想跟广大家长朋友说，望子成龙固然重要，但真的要考虑到孩子的心理需求，不是每一个孩子都能承受高压管理的。

大树的病就是大树的抗争。

事实上，在针对在校大学生的咨询中，我经常遇到一些在高中阶段压抑了太久的孩子。准军事化管理使得他们高中三年只为高考分数而活，虽然他们闯过了高考这一关，但他们的心理问题并没有因此得到解决。

无论怎样，身心健康的人才能真正成为社会栋梁。

对于大树而言，幸运的是，他的父母综合各种情况，及时做了调整。我们遇到重大压力时，家人的支持总是最重要的。

回应小测试：你可知我的压力

“人无压力轻飘飘，井无压力不出油。”“那就是压垮骆驼的最后一根稻草。”这些我们常听人说的俗语，说的都是压力。每个人都有或大或小的压力，人的一生就是和压力共舞的一生。

压力有大有小，适度的压力可以让人奋进。我们若觉得不快乐，有紧张、焦虑等各种不安的感觉，那很可能是因为我们的压力过大了。过大的压力会带来一系列身心问题。因此，我们要时常检视自己的压力状态并及时加以调整。

本文开篇小测试可以帮助亲子之间了解彼此的压力状态，之后双方可以讨论相互间能提供怎样的支持。家人的支持，是非常重要的应对压力的力量。

我家有个乖孩子

——过于听话的孩子更需要成长空间

小测试

想象一下，在以下场景，你的孩子的表现是怎样的。

场景 1：转学或转到了新班级。

孩子的表现：________________________________

场景 2：参加一个课外活动，周围全是陌生同学。

孩子的表现：________________________________

场景 3：准备学习新知识和新学科。

孩子的表现：________________________________

场景 4：当众发言。

孩子的表现：________________________________

场景 5：当着老师的面做事。

孩子的表现：________________________________

小丽上初一了，从镇里来到县城，开始住校。临近学期末时，学校老师频频打电话给小丽家长，因为小丽上课时总发呆，甚至会莫名其妙地哭。

“这孩子不会是精神有问题了吧？”从学校听到的这句话惊得小丽妈妈出了一身冷汗。她带着小丽到北京看病，小丽在专科医院被诊断处于轻度抑郁状态。医生说小丽暂时不需要服药，建议她接受心理辅导。于是，小丽一家人找到了我的工作室。

抑郁症与抑郁情绪

如今，“抑郁症”越来越多地引发人们的关注。抑郁症是精神类疾病的一种，严重的抑郁症关乎生命安全，因此很多人提“抑郁”色变。

大多数人都有情绪低落的时候，这是“抑郁情绪”在作祟。抑郁情绪并不可怕，但是如果出现莫名其妙的哭泣、对任何事都提不起兴趣、饮食睡眠异于往常、觉得自己没有价值等情况，并且持续时间超过两周，我们要引起注意，甚至要到正规医院寻求帮助。

“我妈说要和学习好的同学一起玩”

小丽是个非常漂亮的姑娘，身高一米六左右，身体已经开始发育，眼睛很大，但是眼神略有些呆滞。

在咨询室的长沙发上，小丽拉着妈妈的手，紧挨着妈妈坐着。我和她聊了几句，她每次说话前都要看妈妈一眼。妈妈说：“老师问你话，你有什么说什么，别老看我。”妈妈又充满歉意地跟我说：“老师，这孩子就这样，不爱说话。”

我说：“刚才孩子说得挺好的，没关系，我们慢慢来。”

不过，妈妈多少有些按捺不住，总会在女儿说完后补充一些。之后，我看到小丽索性不再说话，盯着窗外出神。

当家长老是代替孩子说话时，孩子就不愿说话了。小丽就是这样，她觉得，妈妈在，她没有说话的必要。

坐在咨询室的沙发上，妈妈努力做出一副笑脸，尽量让自己看起来轻松一些。也难怪，孩子这样，妈妈怎么可能真正轻松呢！

在咨询室，家长常常先声夺人，一进门就描述孩子的情况。不过，这样的描述通常都是主观的判断，我更愿意先和孩子沟通，尽可能全面了解情况。

一个人的性格之所以出现大的变化，通常是因为受到了一些外部事件的影响。孩子说自己没事，也许是记不清了，也许是不愿意提及。这个时候父母要用心观察、多方了解，才能找到问题的症结。

孩子还没有成年，正处于人生观、价值观形成的重要阶段，因此他们心理上也很脆弱。尤其是当孩子正处于青春期时，情绪波动比较大，会遇到很多从未遇到过的挑战，家长要悉心陪伴，及时给予支持。有些孩子不得不过早面临住校问题，家长要给予更多的支持和关爱。

宿舍人际关系是住宿学生必须面对的问题。小丽在这方面遇到了困难。不同的家庭背景和成长环境是孩子遭遇宿舍人际关系困扰的重要原因。

妈妈时不时看看我，欲言又止。我知道，她有很多话想和我说。即便这样，我也需要先和小丽来谈，我要了解小丽真正的状况。

妈妈离开后，我和小丽聊了起来。一开始是我问她答，慢慢地，我发现小丽的话多了。她告诉我，她小时候挺活泼开朗的，差不多在小学二三年级吧，她不知道怎么回事就变成这样了。我问她发生了什么特别的事情没有，她说好像也没发生什么事。

小丽说，自己小时候成绩很好，但小升初时没考好，只考上了一所普通的寄宿制学校。她本想好好学习，没想到开始住宿后出现了不适应。

小丽的声音突然大起来，她气愤地说："老师，你知道吗？我们宿舍有 8 个女生，其中 5 个都在谈恋爱！谈——恋——爱！"

我有点儿诧异，小丽对室友谈恋爱竟有这么大的反应。于是，我问她："她们谈恋爱，你怎么看？"

"很讨厌！她们这么小就谈恋爱，而且总在宿舍里说这事，烦死了！"

"那么，另外两个没谈恋爱的同学呢？她们有什么反应？"我问道。

"她们无所谓，但我就是看不惯，我都不理那几个谈恋爱的人。"小丽说。

"哦，那你在宿舍有好朋友吗？"我问。

听到我这么问，小丽的眼神又黯淡下来，声音又变小了。她说："我不理宿舍那几个人，她们联合其他人一起孤立我。因此，我在班里也没朋友。"

"你和同桌关系怎么样？"我问。

“老师，我给你讲讲我们教室的样子。我坐在后边靠门的位置，我们是三个人同桌。”

我让她拿些彩色石子摆摆，这样更清晰些。

小丽很快摆好了教室的布局。她说她在女生里算个子高的，坐在教室最后。她有两个同桌。一个是男生，天天调皮捣蛋，不好好学习，小丽说自己不想理他。另一个是女生，她和前排的女生关系很好，两人常在一起玩。所以，他们三个人虽然是同桌，但彼此不怎么说话。

我说：“你对于自己看不惯的同学一律采取不理睬的方式，是这样吗？”

你对于这样的语言是不是很熟悉？其实，学校学习只是人生中方方面面学习的一部分，有的人也许并不擅长文化课学习，但可能有其他方面的优点。引导孩子多角度、全方位看待别人，学会欣赏每个人的长处，是很重要的。

“嗯，我妈说要和学习好的同学一起玩，不要和那些学习不好的同学一起玩，她怕我学坏。”小丽说。

“那你和学习好的同学关系怎么样？”我问道。

小丽回答道：“不熟，他们学习好的都坐在前边。”

“哦，那么你有不会的题会去问他们吗？”我继续探究小丽的人际关系状况。

“没有，我怕他们不理我。”小丽声音有点儿怯怯地说，“我学习没有以前好了，他们肯定也喜欢学习好的人。”

这个时候，如果有一点儿外在的帮助，小丽可能会很快摆脱困扰。

“嗯，不问同学，那你会去问老师吗？”我接着问。

“不！我升学成绩不好，而且我坐在后边，和差生坐一起，老师肯定认为我是差生。我不敢去问。”小丽说。

谈话至此，我大致了解了小丽的一些情况。

“我和所有同学都聊不来”

看到小丽的情绪不太高，我岔开了话题：“小丽，有没有人夸你长得好看？”

小丽看着我，眼睛里有了亮光。她问我：“老师，你觉得我好看吗？”

“好看呀，所以我才问有没有人夸你好看嘛。”我说。

“老师，真的呀？你说我好看，我特高兴。可是别人要这么说，我就会生气。”小丽高兴地说。

“生气？”我重复确认了一下。

“因为我妈从来没说过我好看，她说小孩子就是要好好学习，那些长得好看的、爱打扮的，都不是好学生。以前我们村有个姐姐，每天打扮得可好看了。我妈总提醒我别学她，说她不是正经人，不好好念书，早早就谈恋爱。”小丽说道。

我恍然大悟。

小丽说：“老师，我其实也不是不爱说话，你看我很喜欢和你说话。我是觉得和别人聊不来，尤其在学校。慢慢地，同学不理我了，我也不知道怎么和他们说话了。学校平时管得严，不让给家长打电话。眼看要考试了，我觉得我没学好，心里难过得不行，总忍不住想哭。”

两周回一次家，没有朋友，没有好成绩，家庭的支持又不够……对于一个刚上初中的女生来说，这实在是太大的困难。

我需要和小丽妈妈单独谈谈。我问小丽，刚才我们的谈话内容，哪些可以告诉妈妈，哪些需要保密。小丽说都可以告诉妈妈。

保密原则

心理咨询需要遵守保密原则。心理咨询师必须为来访者保守秘密。当然，涉及违反法律法规、人身安全等的问题除外。

家长带孩子去做心理咨询，一般都比较关心孩子和咨询师说了什么。咨询师与孩子谈完后，要征求孩子的意见。孩子认为需要保密的内容，咨询师应尊重孩子的意愿，遵守保密原则。

“是不是给孩子太大压力了”

再次坐在沙发上的小丽妈妈殷切地看着我：“老师，孩子怎么样，您有办法吗？”

我请她讲讲，她怎么看待孩子的状况。

她说：“孩子从小就乖，听话，家里大人让她干啥她干啥，左邻右舍都夸她。以前家里穷，我没上几年学，就想让小丽和她哥都好好学习，将来上大学。本来，家里都挺好的。小丽上小学三年级时，她爸爸在工地上出了事故，之后就不能干重活了，天天在家，心情不好，也不说话。这样，我的压力就大了，虽然有亲戚资助，可我心里急呀，生怕孩子不好好学习，将来和我一样在村里受苦。”

“老师，是不是我给孩子太大压力了？”她问。

“生活的担子一下子压在你身上，确实不容易。小丽是个懂事的孩子，她能看到妈妈的不容易，所以她对自己要求也高。而且，她真的很听话，你对她说的话，她都记得。现在，她和同学的关系出了问题，这很可能是受你传递给她的观念影响。”我说。

可以看出，爸爸的事对小丽产生了影响。家里有了变故，孩子的内心可能出现这样那样的变化。

听我这么说，小丽妈妈很自责，觉得自己观念老旧、考虑不周，只想着不影响孩子学习，没想到对孩子影响这么大。

有时家长随口说的一些话，可能被孩子牢记心间。父母要看到自己的不足，及时修正。

我请小丽回来，我们三个人坐在一起。妈妈认真地对小丽说：“刚才老师和我说了。妈妈现在后悔呀，妈妈没什么文化，给你说的那些话有些跟不上形势了，没想到对你有这么大影响。以后，妈妈再也不那样说了。”

我告诉小丽：“妈妈也没有错，只是时代不同了，观念需要更新，要适当灵活些。回去可以好好整理一下，看很多父母希望自己的孩子听话。殊不知，过于要求孩子听话，可能会让孩子失去成长的空间。

孩子遇到问题，商讨解决方案时，让更多的家庭成员参与进来，能够给孩子更大的支持。

有很多事，我们能“想到”，未必能够“做到”。即使观念上调整过来了，行为上还需演练。咨询室的演练，可帮助孩子学会一些技能。

看哪里还有困惑，下次来咨询时再和我谈。”

小丽看看妈妈，又恢复了乖巧的样子。我告诉小丽：“你已经不是一切都要依靠妈妈的小小孩了，你可以有自己的思想，要学会长大。”

同时，我也邀请陪妹妹来咨询的哥哥在假期和妹妹多聊聊，顺便给妹妹补补落下的功课。

由于还需要调整，小丽暂时住在亲戚家休养，没有返回学校。之后，小丽定期来我这里进行心理咨询。她好像有“十万个为什么”，问了我很多她想不明白的问题。我与她一起对她以前的一些观念进行了讨论。比如，她以前看同学不顺眼，就不理人家，我建议她求同存异，多关注同学的优点。同时，我也从行为方面对她进行训练，比如如何开口问同学问题、如何主动和同学聊天等。

转眼暑假到了，小丽的亲戚帮她报了个夏令营。夏令营带给了小丽宝贵的体验，这样的体验帮她增加了投入学校生活的勇气和信心。小丽回来后告诉我，入营的第一天，她还是不敢和别人说话，在小组同学和老师的鼓励下，当然咨询室的演练也帮了忙，她最后终于突破了自己，和大家相熟起来。她说，这个夏令营让她终生难忘。

开学后，小丽重返校园。

写给家长的话

孩子是一张白纸，父母是孩子第一任老师。父母的观念、看法，很多时候会通过日常的言行深深根植于孩子心中，成为他们的价值观的基础。对有些孩子而言，由于自我发展得很好，他们会思考这些价值观。而对于自我发展不成熟的孩子，当环境改变，当来自父母的价值观与新环境发生碰撞时，他们将无所适从，无力应对。

在上述案例中，年幼的小丽离开熟悉的家人，独自进入一个陌生的、全新的环境，适应起来并不容易，需要父母给予更多的理解、支持。当她遇到困境时，父母的反省和努力改变的态度，让她看到了希望，进而有勇气和动力进行改变。

心理咨询之所以能够起作用，并不全是咨询师的功劳。小丽、小丽的家人、咨询师，大家一起努力，才让改变得以发生。与此同时，提供一个全新的、放松的、充满友爱的环境（比如夏令营），可让孩子有机会边学边练，从而可以更好地帮助孩子。

总之，当围绕在孩子身边的各种系统都能良性发展，孩子的状况就会有很大改观。

回应小测试：帮孩子增强社会适应能力

社会适应能力是一个人适应社会生活和社会环境的能力。成人需要社会适应能力，孩子也是如此。

如果孩子在开篇小测试所述的那些情景中感觉十分紧张，那么就需要提高社会适应能力。家长可以根据孩子的情况，帮助孩子进行相关技能演练，鼓励孩子大胆突破自我。万事开头难，孩子诸多方面的第一次成功经验，会让他接下来的路越走越顺。

我的孩子有抽动症

——家长的焦虑会放大孩子的问题

小测试

在日常沟通中，我们大多数人擅长表达“想法”，容易忽略自己的“感受”。想想看，你能分清楚“想法”与“感受”吗？

仔细体会下边的句子，看看哪些是想法，哪些是感受。

例 1：

看着这些新科技产品，我觉得自己落伍了。

看着这些新科技产品，我感到担心和气馁。

例 2：

我觉得，你故意惹我生气。

我很不开心，因为我认为你故意惹我生气。

例 3：

在工作中如果没人回应我的建议，我会觉得自己不被接纳。

在工作中如果没人回应我的建议，我会很焦虑。

萱萱要上一年级了，她的妈妈非常焦虑。预约时，她说萱萱有非常严重的抽动症。她曾经带孩子去医院看过，但是孩子特别排斥医院的环境，因此她想到了心理咨询。

咨询师在与孩子工作时，让父母参与进来，可以从他们与孩子的互动中，看到很多他们在日常教养中意识不到的问题。

我需要先给萱萱做个评估，于是请萱萱的父母和她一起来我的工作室。

游戏中的萱萱

我先邀请萱萱进行沙盘游戏。萱萱很投入，编了一个故事，将沙具移来移去，沉浸在自己的故事中。

沙具

沙具是用于进行沙盘游戏的各种微缩模具。来访者可将其自由摆放在盛有细沙的特制容器（即沙盘）中，创造各种模拟场景。咨询师则会观察整个过程，并与来访者做各种工作。

我在旁边，一边听她讲故事，一边结合故事不露痕迹地问她一些相关的问题。我们离得很近，我注意到，每隔一会儿，萱萱脸上就会轻微抽动一下。她这个动作特别轻微，很难被人觉察到。

咨询室有一组长沙发，两组单人沙发。萱萱爸妈坐在长沙发上，中间隔了一些距离。

萱萱爸妈之间的这段距离，正是他们夫妻关系的外在表现。

从进入咨询室起，妈妈就一直很紧张，一会儿盯着孩子看，一会儿又看着我，挪来挪去，一副不安的样子。过了十几分钟，她终于找了个机会，示意我出去和她聊聊。

父母的焦虑情绪会放大孩子的问题

到了隔壁咨询室，萱萱妈妈焦急万分地问我：“老师，有问题吗？我都要急死了！另外，我有些情况想单独和您说一下。”

我把刚才观察到的情况告诉了她。

她说："啊？还不明显啊！我觉得太明显了，她的脸在不停地抽动！您真的没发现吗？"

我告诉她，我刚才离萱萱那么近，一直有意观察才发现了萱萱面部的抽动情况，所以这真的没有她认为的那么严重。

她愣了一下，说："其实之前在医院医生也说不严重，没必要吃药。可是我天天看着她，觉得她的情况一天比一天严重，太闹心了。"

我问她，幼儿园老师有没有提到过这一点。

她说："那倒没有，我们孩子在幼儿园表现特别好，唱歌跳舞都很好，老师很喜欢她。再说了，我可不想让老师发现这毛病，这万一要是传开了，那可怎么办？"

我很理解她的心情。

我询问平时她发现孩子抽动时是怎么做的。她说："我就提醒她呀。我会说，宝贝能不能忍一忍。其实，我也查了一些资料，知道这是肌肉的不自主行为，但是我忍不住，总会说她。"

我又问道："您有没有发现孩子在紧张和放松状态下面部抽动情况是不一样的？"

她忙不迭地说："有……有……她紧张的时候抽得更厉害。所以，我有时也会克制自己，可是我实在太焦虑了，控制不了啊。另外，我也想和您说一下我家里的情况。"

孩子知道自己有某些毛病，可能会变得十分敏感。这种情况下，父母要帮助孩子缓解焦虑，而不是把自己的焦虑转嫁到孩子身上。

这时，房间的门被推开了，萱萱走了进来："你们在聊什么呀？是说我吗？"听萱萱这么说，我猜这个敏感的孩子要多想了，连忙打岔说："萱萱来了，我和妈妈聊点儿事情，你的故事怎么样了？”

萱萱说：“我给爸爸讲完了，我不想玩了，就来看看你们在干什么。”

我问：“那你愿不愿意画画玩？”

萱萱一听，马上很开心地说：“好啊好啊！”

我让她随意画自己想画的内容，并让她再给我和她妈妈几分钟，让我们把刚才没说完的话说完。她爽快地答应了。

我提醒萱萱妈妈：“孩子非常敏感，她其实不太放心我们，担心我们在谈论她。”萱萱妈妈点头称是，她说，平时家里大人在一起时不自觉地会说她的事，而孩子对这件事很敏感，不愿意别人老提她。我提议她回去后从自身做起，将注意力从孩子身上移开一些，尤其不要过于关注孩子那些小的抽动，而且要带动家人这样做。她答应了，说一定做到。

然后，她加快了语速，说：“老师，我觉得我老公也有问题，他平时工作太忙，基本不管孩子，面对孩子时完全没什么耐心。我家情况是，我们和我妈住在一起，就是和孩子姥姥住一起。我们平时工作忙，姥姥带孩子多，她是高级知识分子，很优秀。我从小到大学习也还可以，所以我家人对孩子期望很高。可是，我老公不一样。他很小的时候，他父亲就去世了。我觉得他在当父亲这方面没起到榜样作用，不太会当父亲。所以我们经常会发生争执，争执越来越多以后，他就开始逃避。他每天很忙，但真不至于忙得把家当旅馆。我觉得我们这样对孩子也有影响……”

从萱萱妈妈不停歇的一大段讲述中，我大致明白了他

绘画治疗

绘画也是一种常用的心理辅导技术，多用来了解来访者的内心世界。

我让萱萱绘画，一方面是为了简单评估萱萱的紧张程度，更是为了观察她在做自己有兴趣的事时，其抽动状况是否明显。

组成新家庭的两个人，各自带有原生家庭的烙印，容易发生冲突。孩子的很多问题，与这些冲突脱不了干系。

们家的家庭结构。我告诉她，我还需要和孩子做些交流，仔细评估后，再安排后边的咨询，也许全家人都要来做咨询。

这时，门又被推开了一条缝，萱萱喊道：“你们还没有说完啊？我都画好了！”

萱萱拉着我的手，去看她画的一家三口外出郊游的画。她画了一幅彩色的画，她一边欢快地讲故事，一边咯咯地笑。我再看孩子脸部，几乎看不到抽动。我初步评估萱萱的抽动状况并不严重，相反家人的焦虑情绪需要调整。这样的焦虑情绪不但影响了萱萱的健康情绪，加重了行为问题，还影响了萱萱父母之间的夫妻关系，使这个家庭陷入了一个负性循环之中。

解铃还须系铃人。萱萱在放松的情况下，抽动状况完全可以忽略不计。因此，真正需要调整的，是她的养育者。

我建议萱萱的父母下次一起过来，萱萱暂时不用来了。

如果眼泪会说话

几天后，萱萱父母如约过来。我开门见山，希望他们能一起谈谈夫妻之间的状况。萱萱妈妈率先开口，她说，自己回去想了想，很认可我的看法，觉得他们需要先调整。她很快讲起了自己家的状况以及自己的育儿观，滔滔不绝讲了好几分钟。我适时打断她，想听孩子爸爸说一说。

萱萱爸爸神色复杂地看着我，无奈地笑道：“老师，您看到了吧，我俩平时就这样。她一说起来我就插不上话，而且什么都是她对，后来我就干脆不说了。我不说吧，也不行。她嫌我不说，老说我，我也烦。说实话我很苦恼，不知道怎么和她相处。孩子姥爷在世时，我们还能聊几句。现在孩子姥爷去世了，我真是更无奈了。姥姥是高级知识分子，认为自己培养的孩子很优秀，坚持要用自己的标准来要求孩子。我老家在农村，这方面我确实有点儿没底气，所以在教育孩子的事上完全没辙。就说孩子抽动的问题，我其实觉得没什么，但是她们两个都觉得严重得不行。”

萱萱妈妈听到这里，情绪开始激动。她语速极快地反驳丈夫，甚至流下了眼泪。

我问她：“如果你的眼泪会说话，你觉得它会说什么？”

“委屈！我的眼泪会说我太委屈了！”她对我说，“他每天都那么晚回家。”

我请她停一停，请她试着和丈夫对话，而不是和我对话。

她看着丈夫，说：“你现在天天那么晚回家，回来后又说累，和我说不了几句话。你要不就不管孩子，要不就动手。现在，我们这个家哪像个家啊？我们家一直都是这样，我们都习惯了。你现在说你在家没有话语权，可是你以前从来不说，你不说我怎么能知道？”

萱萱爸爸愣住了，他只知道妻子的强硬，从来不知道那强硬后边也有委屈。

“可是，你有委屈，我也有委屈啊。”他愣了一下，喃喃地说。

这是领悟力极强的一对夫妻，当我们从夫妻情感需求、沟通方式、设身处地为对方着想等方面进行讨论时，他们开始反思。

在他们家，妈妈和姥姥偏强势，对孩子要求很高，时刻关注着孩子的一举一动，孩子虽小，但她压力很大。而且，爸爸妈妈之间的争吵会给孩子带来更大的压力。所

萱萱父母呈现的状态大抵是他们日常生活中的状态。萱萱妈妈和爸爸的日常互动，由此可见一斑。

这里，咨询师的作用是帮助夫妻二人看到他们的状况，引导他们进行调整，而不是判断是非。

当咨询师发现来访者的一些问题时，会当场帮他们调整，以便他们体会那久违的感觉。

在沟通中，一方表达自己的“感受”时，另一方更能感觉到这是真实的人与人之间的对话。

以，他们的家庭陷入了负性循环。我把这些告诉了他们。

教养孩子是父母的责任，夫妻能和谐相处，在养育孩子方面达成一致，才能让孩子有快乐的童年，才能为孩子以后的美好人生打下好的基础。

萱萱的父母非常认可我的观点。随后，在咨询室，我帮助他们学习怎样及时表达自己的感受。这是他们最欠缺的，也是夫妻关系中最核心的内容。在夫妻关系和谐的前提下，他们才能带动家里其他人，改变要一点点开始。

在多人咨询中，来访者在咨询中的位置很重要。这对夫妻第一次来时坐的位置离得很远，这次则靠得近了很多。由此可见，他们的心近了。

不要总盯着孩子

再过来时，两个人的情绪有了明显变化，他们坐在沙发上时相比之前靠近了很多。

开始调整之后，他们看到了生活的变化。随后，夫妻双方的育儿观念也开始得到调整。萱萱妈妈说，她在反思，对孩子的要求那么高，给孩子那么大的压力，是否有必要。

萱萱爸爸也说："我每天是忙，但说实话，我以前不回家，有逃避的意思。家庭的事，其实是无处可逃的。女儿的事提醒我，我要好好学习当一个好父亲。"

咨询的后期，我没有再见萱萱。萱萱妈妈说，她艰难地说服自己不要总盯着孩子看，也说服姥姥不要总盯着孩子看，大家互相提醒。慢慢地，她发现，当他们不再那么因孩子的面部抽动而紧张时，孩子的抽动竟然没有那么明显了。同时，随着他们夫妻的共同努力，家里的欢笑越来越多。

写给家长的话

在婚姻关系中，夫妻双方分别来自两个不同家庭，都带有原生家庭的烙印，生活中难免会有一些分歧。当新家庭和父母辈生活在一起时，这样的分歧可能更加明显。

当家庭出现矛盾时，家庭成员开始无意识的博弈。力量强的一方占了上风，生活由他们来操控（包括孩子的教育）。他们希望孩子像他们期望的那样优秀，因此会严格要求孩子。

并不是所有孩子都可以承受这样的压力。不能承受重压时，孩子的身体会代表孩子来抗争。萱萱的面部抽动是有这方面原因的。

于孩子成长而言，父母的爱会起到积极作用。当父母齐心协力开始调整，家庭状况开始良性循环，孩子不再有来自多方的压力，他的身体会慢慢放松，尤其当家人不再负强化时。

总而言之，对于孩子成长中的问题，父母的态度具有积极引导作用。父母接纳、放松的态度，会帮助孩子更好地面对问题。

回应小测试：学会“表达感受”

在萱萱的家庭中，养育者的博弈无疑加剧了萱萱的紧张。除去原生家庭的影响，夫妻间交流时不能很好表达感受也是造成气氛紧张的重要因素。

我们大多数人擅长表达“想法”，容易忽略“感受”的表达。殊不知，后者才是应该好好沟通的部分。

例 1：

看着这些新科技产品，我觉得自己落伍了。（想法）

看着这些新科技产品，我感到担心和气馁。（感受）

例 2：

我觉得，你故意惹我生气。（想法）

我很不开心（感受），因为我认为你故意惹我生气。（想法）

例 3：

在工作中如果没人回应我的建议，我会觉得自己不被接纳。（想法）

在工作中如果没人回应我的建议，我会很焦虑。（感受）

看到这些例子，你此刻的感受是什么？

____

____

有些以“我觉得”开始的句子所表达的其实是想法，并不是感受，请举例。

____

____

试着写出一些与感受相关的词，并在日常生活中练习使用，如幸福、惊讶、不耐烦、怨恨等。

____

____

____

抑郁症女孩的自我救赎

——家长要学会适当地把视线从孩子身上移开

小测试

你是如何看待自己与孩子的关系的？比如，“孩子是我生的，我要安排好他的人生。”“孩子就是我的命，我把全部心思都放在孩子身上了。”“孩子有他自己的人生，父母在有生之年尽量陪伴他们就好。”等等。

试着写出你的想法：

抑郁症

情绪持续低落、莫名哭泣、食欲下降、早醒、注意力不集中等情况持续出现两周以上，需要予以关注。这些都是抑郁症的表现。但是，不能基于这些表现断定自己得了抑郁症，一定要去精神类专科医院寻求专业帮助。

小雪得了抑郁症，她穿着一身黑色的衣服，戴着一顶黑色帽子，像猫一样蜷缩在沙发一角，手里拿着医院的诊断书。

小雪读大学二年级，开学后没多久，她就出现郁郁寡欢、经常哭泣、不想吃饭等状况。宿舍有个同学参加过抑郁症相关讲座，小心地问小雪要不要去医院看看。小雪也觉得自己不对劲，就在同学的陪伴下去了医院。

医生给她开了药，同时建议她做心理咨询。

“我的成长经历是一个悲剧”

这是小雪第一次做心理咨询，我需要给她讲清楚心理咨询的一些相关设置。她眼神愣愣的，似乎没有听进去我说话。半晌，她问了我一句：“老师，你真的能帮助我吗？”

“其实，并不完全是我帮助你，是我们共同帮助你走出困境。你能够走进咨询室，表明你希望为自己做点儿什么，这是非常好的开端。我们一旦开始咨询，就建立了合作联盟，我们要一起努力。”我继续说道，“我帮助过很多得抑郁症的人。我想，只要我们努力，你的状况一定会有所改善。”

心理咨询并不是咨询师一个人的工作，而是咨询师与来访者的合作。来访者有了改变的动力，愿意投入到咨询中去，咨询才有意义。如果一切都依靠咨询师，那么咨询是很难奏效的。亲子关系也是一样，当孩子出现问题时，父母能够与孩子一起面对，往往才能真正帮到孩子。

小雪木然地点了点头，沉默了一会儿后开口说：“老师，我想哭。”

“咨询室是安全的，你可以在这里尽情地哭。”我轻轻地说。我话音未落，小雪的眼泪就流了出来。

她无声地哭着，我安静地陪着她。

小雪窝在沙发里，身体不停抽动，而且越缩越紧。我走过去轻轻地拍拍她，想让她放松一点儿，她突然“哇”地哭出声来。

小雪哭啊哭，哭了很久。慢慢地，她止住了哭声，斜靠在沙发上平静了一会儿，之后喃喃地说：“真痛快啊，我好多年都没这么哭过了。”

哭泣是有疗愈作用的。在一个安全的环境里自由地哭泣，能让积压在心底的负面情绪充分释放。

小雪告诉我，她和男朋友被父母拆散了。她想转到一个自己喜欢的专业，父母坚决不同意。她很绝望。

“绝望。”我重复了一下。

小雪急急地补了一句：“老师，您放心，我不会自杀的。我胆子小，下不了狠心，虽然我有时候真的想死。”

“虽然他们这么对我，可我还是很爱他们。”小雪说，“我的成长经历就是一个悲剧。”

如果孩子提到“绝望”，一定要仔细询问，看看他是真的绝望，还是说说而已。如果孩子真的感到绝望，做些什么能让他对生活重拾希望，至关重要。

缺少活力与能量的孩子

小雪的家在一个小县城，父母对小雪要求特别严格。小雪小时候一旦没考好，父母就会指责和呵斥她。小雪说，她小时候就想死，不知道活着的乐趣是什么，因为她在课余总有上不完的课外班、兴趣班，与此同时别的孩子都在玩。

现在，很多父母会给孩子报各种兴趣班。丰富孩子兴趣爱好的初心没问题，不过父母一定要关注孩子的情绪，注意张弛有道。

小雪好不容易熬到考大学，父母替小雪选了学校和专业。小雪没有辜负他们的期望，顺利地考到了北京。

离开家到了北京，小雪本以为可以自由点儿，偷偷谈了个男朋友。她父母不知道怎么知道了此事，想方设法拆散了他们。另外，小雪上大学后发现所学专业并不是她喜欢的，想转专业，父母不同意，他们认为现在的专业就业前景好。

我渐渐明白为什么她像一只病猫一样蜷着身体，她小小的身体在重压下长大，承载了太多压力，缺乏活力与能量。这孩子，长这么大可真不容易。

我把我的感受告诉了小雪。她猛烈地点着头，眼泪再次夺眶而出。

第一次咨询快结束时，小雪说："老师，我得抑郁症的事还没有告诉父母。医生让我告诉他们，我还没有想好。他们那样对我，我很不高兴，但是我还是不愿意让他们为我担心。这些年来，我一直在他们面前'装好''装乖'，都是因为这一点。"

我告诉小雪，她目前的情况需要药物治疗、心理辅导，也需要家人的帮助，所以她还是要让父母了解实情。

小雪说，她还要再想想，我们约好下周再见面。临走时，她向我鞠了一躬，说："老师，谢谢您，我今天和您说的有些话从来没有和别人说过，谢谢您能真正理解我。"

孩子表现出来的很多问题，都是家长不能完全理解他们的感受造成的。其实，我并没有做什么，只是给她放松的空间，让她宣泄，只是认真地倾听了她内心的声音。而这些，对小雪来说，真是太奢侈了。

"我是父母炫耀的工具"

色彩对人的心情是有影响的。

第二次咨询时，小雪气色好了些，她没有穿黑衣服。

她告诉我，她给家里打了电话，说了自己患抑郁症的事，妈妈很慌乱，说这几天要到学校来。

她有些嘲讽地笑着说："我妈问东问西，居然问我为什么心情不好。我懒得跟她说，她就乱猜，问我是不是因为同学嘲笑我家穷，并让我不要太节俭——想买什么就去买，还给我转过来5000块钱！我都无语了。”

小雪说：“我在家的时候，经常听别人羡慕地对我妈说：‘小雪学习好，不像有些小姑娘似的讲究吃穿。’我妈可自豪了！我考到北京，她脸上可有光了！我感觉我不是一个人，而是供他们炫耀的工具。”小雪的愤怒又开始弥漫。

抑郁症是一类复杂的病症，并不是单纯的心情不好。

“我一直在忍忍忍，我一度觉得这世界上没有一个人能理解我。我那个男朋友在另一个城市，我觉得我们之间并没有爱情。我只是需要他，我觉得他能够听我说话，能够理解我的苦。自私地讲，我并不因为我们的分开而难过，我只是觉得没有一点儿自由。”小雪又哭了。

十几年的时光，给这个孩子留下太多不那么美好的记忆。她忍了太久，需要将默默隐藏的这部分苦难释放出来，才能让自己轻松一点儿。

我告诉小雪，可以请她妈妈过来谈谈。

“这病不会是装的吧”

第三周，小雪和父母一起来了。她父母提出想和我单独谈谈。我问小雪是否可以，她连连点头，出门时神色复杂地看了我一眼。

和许多父母一样，小雪的父母虽然查了一些抑郁症的资料，但还是希望能从我这里得到他们想要的答案。

小雪妈妈一坐下就问我，“老师，您说这孩子好端端的，怎么就得抑郁症了呢？现在，经常有人因为抑郁症自杀，这太可怕了！”

小雪爸爸则神色凝重地问我：“我们来的这两天看她和平时一样，没啥异常，她不会是装病吧？我还是不太相信姑娘能得这个病。”

妈妈连忙扯了一下爸爸，说：“你瞎说什么！那医院的诊断还能有错？”

爸爸说：“我就是有疑问啊，所以问问老师。”

我说：“小雪确实生病了。抑郁症是一种常见的精神类疾病，起病原因尚不明朗，可能跟生理、心理、社会等因素有关。不过，它并不是绝症。我和小雪讨论过自杀的问题，目前看没有太大危险，因为她舍不得你们。但是，要特别警惕，不能让她再受大的刺激。”

夫妻俩对视了一下，迟疑地点点头。

我对小雪爸爸说：“您怀疑孩子装病，孩子也不太愿意让你们看到她难受的状况。如果我说你们的女儿小雪一直都在你们面前装得很听话，你们相信吗？”

夫妻二人再次对视一眼，一时不知道怎么回应我。

我说：“一直以来，她都不想让你们为她担心，虽然她内心很痛苦。在她的诉说中，她痛苦的根源恰恰来自你们。”

父母还没有意识到自己不恰当的教养方式给孩子带来的痛苦。

小雪妈妈开始哭泣，哽咽着说：“我俩在家想，最近也就是干涉了一下她和那个男生的事，以及转专业的事。此外，没别的事了啊。可是，我们都是为她好。那个男生家境不好，学习也不好，将来肯定不会有什么大出息。她想学的专业就业前景不好！我们怎么就成她痛苦的根源了呢？”

“家长都是为了孩子好，不过孩子情感上的需求也需要考虑到。”我说道。

“情感上有啥需求？”小雪爸爸问。

“难道是我们错了”

我没有说话。

小雪妈妈也没有说话。

过了一会儿，小雪爸爸打破沉默：“她觉得我们管得多？”

“小雪这些年来并不快乐。”我没有正面回答他，只说了一句。

“我和她爸爸把所有心思都花在她身上，想让她有个好的未来。她在我们那里很有名，学习好，有教养，人人羡慕。她说她不快乐吗？”小雪妈妈说。

别人看到的和自己感觉到的，其实是两回事。

“是的，她说她一直不快乐。她没有快乐的童年，没有自由。”我说。

“我想起来了，有一次发现她的QQ动态是这样的——‘真想离开，那是真正的解脱。’她很快删掉了。我以为她闹着玩的。难道她真是这么想的？”小雪妈妈突然说道，然后看向丈夫，“难道是我们错了？”

小雪爸爸没有说话。

小雪妈妈将身子往前倾了倾，对我说：“老师，我这两天和孩子聊，她什么也不说，只是说她很信任您。您有经验，您就帮帮孩子吧。”

没把孩子当成年人

我请小雪妈妈在咨询室的玩具架上选了三个小玩偶代表他们一家三口，并用这三个玩偶摆出他们日常的状态。

用代表他们一家三口的玩偶来呈现他们的日常状态，他们会看得更清楚。

她将小雪摆在前边，父母紧跟在后边。我做旁白，设计一些场景，如小雪选专业、谈男友、与同学交往等。在讨论每一个议题时，代表小雪的玩偶走一步，父母就紧随其后跟上一步。

我问他们："刚才的模拟场景中，你们的视线在哪里？"

两个人同时说："在孩子身上。"

"那么你们自己的生活呢？"我轻轻地问道。

两人又一次对视，面面相觑。

"你们生活的重心全在孩子身上。以前是，现在也是。"我说道。

小雪妈妈点点头，迟疑地问道："您的意思是？"

"也许可以把视线从孩子身上移开一些，放手让孩子去成长。孩子大了，用不了多久就要离家，你们也需要重回二人世界呀。"我说。

我们一起讨论了家庭各个发展阶段每个成员的任务。小雪爸爸说："这么看来还真是，我俩天天为孩子操碎了心，实际上也是瞎操心，关心不到点儿上。这孩子也是，有啥可以说呀，把所有事都憋在心里，不出毛病才怪。"

"小雪可以在你们面前表达不同意见吗？"我问道。

小雪爸爸呆了一下，不好意思地说："她试过，每次我俩都觉得她说得不对。"

在父母眼里，孩子永远是孩子。但是，当孩子成年后，父母要学着把孩子当成年人来看。

"是啊，所以她渐渐就不说了。"我说道，"可能你们家需要学习平等沟通，三个成年人之间的平等沟通。要让小雪作为家庭的一分子参与到家庭事务中。"

听到"成年人"这三个字，小雪的父母又对视了一下。小雪妈妈说："说实话，真没把孩子当作成年人……"

学会倾听孩子的内心

小雪妈妈决定留下来陪小雪一段时间，她要代表他们夫妻学习怎样与孩子沟通，怎样倾听孩子的内心。小雪也在慢慢学习表达自己的观点和需求。

随着咨询的推进，我注意到，小雪再也没有穿着一身黑衣来，她的状态一次比一次好。

写给家长的话

很多家长以爱的名义出发，却抵达了伤害的彼岸。

这是我们都不愿意看到的事实，但每天都在以不同的形式上演。

每个家庭从组建之初就有了自己的生命周期，从二人世界到孩子降生，再到孩子长大离家，重回二人世界。如同每个人的成长一样，家庭在每个生命周期都有相应的任务，父母有父母的任务，孩子有孩子的任务。遵循生命周期的发展规律，家庭才能健康发展，如若不然，就会出现这样那样的问题。

小雪父母过往的教养方式过于严厉，带来的影响需要慢慢调整。该对孩子放手的时候，干涉太多，他们并没有意识到小雪已经是一个成年人，一个需要独立的人，应有表达自己意愿的空间。

父母总是在孩子出大问题时才会反思，才会调整。要是能够未雨绸缪，从一开始就避免这些问题，该有多好。

回应小测试：读一首诗

黎巴嫩诗人纪伯伦的这首诗，值得广大父母细细品味。

你的儿女其实不是你的儿女

你的儿女，其实不是你的儿女。
他们是生命对于自身渴望而诞生的孩子。
他们借助你来到这世界，却非因你而来，
他们在你身旁，却并不属于你。
你可以给予他们的是你的爱，却不是你的想法，
因为他们有自己的思想。
你可以庇护的是他们的身体，却不是他们的灵魂，
因为他们的灵魂属于明天，属于你做梦也无法到达的明天。
你可以拼尽全力，变得像他们一样，
却不要让他们变得和你一样，
因为生命不会后退，也不在过去停留。
你是弓，儿女是从你那里射出的箭。
弓箭手望着未来之路上的箭靶，
用尽力气将你拉开，使他的箭射得又快又远。
怀着快乐的心情，在弓箭手的手中弯曲吧，
因为他爱一路飞翔的箭，也爱无比稳定的弓。

第2章

内心的重建

——孩子的问题也许不是问题

我的孩子毛病太多

——孩子需要高质量的陪伴

小测试

回顾一下，你与孩子的互动中有没有以下情况？

场景 1：孩子在写作业，你坐在边上陪着他，不时拿出手机玩。

场景 2：你知道对孩子的陪伴很重要，你会花时间陪孩子，但你也会不停地说教，对孩子的行为指手画脚。

皮皮妈妈第一次出现在我的咨询室时，她的焦虑溢于言表。也难怪，这学期因为儿子皮皮，她已经被老师“请”过三次了。老师告诉她，皮皮的情绪控制能力不好，让她帮孩子找个心理老师。

妈妈的担心

提起被老师“请”这件事，皮皮妈妈有些不开心。她说她之所以被老师“请”了三次，是因为皮皮和其他男生发生了冲突。皮皮上五年级，长得比较瘦小，明显比其他同学矮一截，班里个子高的男生有时就会欺负他，比如下课时坐在他桌子上、路过时故意撞他一下等。这样，他们就常发生冲突。老师说，皮皮每次都会暴怒，老师已经帮着处理完纠纷了，他还是不依不饶。

皮皮妈妈说，孩子通常情况下脾气都不错，但发生这种事以后，会将脾气带回家里，在家里生气。妈妈心里难受，只好安慰皮皮别在意，可是他根本听不进去。妈妈没有别的办法，只能在家里生闷气，气孩子长不高、成绩不好、不招老师喜欢……后来，她觉得孩子也许真的需要心理辅导。

当孩子在学校受了委屈时，家长如果能够仔细倾听孩子讲述学校发生的事，接纳孩子的情绪，设身处地理解孩子，孩子会感觉舒服一些。

皮皮的爸爸和妈妈都在科研院所工作，一家三口和姥姥、姥爷住在一起。爸爸平时工作忙，但只要有时间就会尽量陪孩子。妈妈晚上回家后也能陪一会儿孩子。

皮皮妈妈说：“平时我没觉得孩子有什么问题，现在老师让我给孩子找心理老师，我感到很意外。我现在担心孩子真有问题。毕竟，孩子大了，有什么事也不爱说。这几天，我急得晚上睡不好觉，嘴里长了好几个泡。”

随着年龄的增长，孩子不再像以前那样什么话都愿意和父母说。因此，当意识到孩子可能有心理困扰或出现比较严重的心理问题时，主动寻求心理咨询师的帮助不失为一种有效的途径。

未成年人做心理咨询一定要有家长陪同。这次我需要单独评估皮皮的情况，皮皮妈妈送他来后就到隔壁房间等候了。

我安慰她，先不要太急，等我和孩子见面后再说。

随后，我单独见了皮皮。

我看到了孩子的介意

皮皮有点儿瘦弱，一眼看去，像个三年级学生。但他很活泼，主动和我打了招呼，然后问道："老师，我妈妈说我最近脾气不太好，要带我到这里放松放松。我们怎么放松啊？"

"哦，那你最近脾气怎么不太好了？"我问道。

"也没什么啊，其实我觉得我和平时一样。我妈非说我最近爱发脾气，她让我来，我就来呗。"

皮皮一副满不在乎的样子。

我说："没事，你脾气好坏，咱们先不说。你在学校学习一周了，可以在这里玩玩，放松下心情。"

皮皮大剌剌坐下来，指着架子上的沙具问："是来玩这个吗？这个不是小孩子玩的吧！我都上五年级了，玩这个多幼稚！"

他在强调自己上五年级了，我看到了这个孩子的介意。我给他解释，这个很多大人都玩的，大学里的学生也会玩，用沙具来编各种各样的故事很有意思的。

皮皮在学校和同学起冲突的原因和他的瘦小有关系，因此渴望长大、玩大人玩的东西等对他很有吸引力。

他一听，马上来了兴趣："大学生也玩啊，那这就不幼稚了。我也玩，我最爱编故事、讲故事了。"

他很快投入到自己的故事中，一边编故事，一边给我讲。他的第一个故事中有三个人物。我问他，这三个人是谁？他答道："他们三个是好朋友。"

我问：“这里边有你吗？”

“没有，”他说，“他们就是故事里的人。”

“那你在学校有朋友吗？”我问。

他抬起头，看了我一眼：“不是玩吗？我不想说学校的事。”

“好好好，不说学校的事。咱们讲故事就行。”我连忙答应。

他眉飞色舞地讲着故事，我听着他创作的故事，观察他的表现。在我们的交流中，我对他有了一点儿初步的评估。

皮皮是个敏感的孩子，他心里大致清楚妈妈让他来的原因，只不过他不愿意在这个时候触碰这些。我想等他信任我以后，再来做工作。这时候，耐心等待最重要。

注意保护孩子的自尊心

咨询快结束时，趁着皮皮整理沙具的间隙，我在另外的房间告诉皮皮妈妈，皮皮没有太大的问题，至少没有她想象得那样严重。同时，我告诉她，孩子看起来大大咧咧，其实内心很敏感，像“长得不高”之类的话，尽量不要当着孩子面说，要注意保护孩子的自尊心。

皮皮妈妈先是松了一口气，听到我说有些话尽量不当着孩子面说时，不由得“啊”了一声：“这个不能说啊，我总说他，想刺激他好好吃饭，好好锻炼身体。他是不爱听，可我这不都是为他好嘛！”

父母不管做什么都是为了孩子好，可是通常忘了站在孩子的角度想问题。

“我们站在孩子的角度想想，其实他也想长高长壮。这可能是他和同学起冲突的原因，他也苦恼，家长要保护好他的自尊心，而不是老戳他脆弱的地方。”我继续说道，“目前家长做到这点就可以，家里大人需要互相提醒。”

习惯一旦养成，改变就不会那么容易。所以当家人对某项改变达成共识后，在行为方面进行调整时就可以用这个小技巧了。

孩子在游戏中会无意识地表现出他在学校的状态，以及他的人际关系状态。父母在与孩子相处时要用心观察，捕捉有用的信息和细节，及时引导。

皮皮妈妈点点头："好的，老师，我们一定做到。听您说他没那么严重，我心里踏实些了。就让孩子跟着您慢慢调整吧。"

皮皮自然很愿意，走的时候告诉我："老师，我这个故事'未完待续'，下次我再讲给你听。"

我和皮皮的沙盘游戏之旅就此开始了。

"我同学都不懂，懒得和他们说"

最初的沙盘故事中的那三个人物每次都会出现，每次都会起冲突，通常的冲突都是其中一个人嘲笑另外两个人。

我问皮皮："他们三个打架吗？"

皮皮说："不打，他们不爱打架，打架其实挺没意思的。我都是急了才打，我觉得一般不用打架。有些人太笨，可以笑话他们。"

我引导皮皮进行角色扮演，我们一起扮演故事中的角色，一起思考除了嘲笑还有没有别的解决冲突的办法。慢慢地，皮皮的沙盘故事中不再有嘲笑。我及时肯定他，并希望他在学校也能用到故事中的方法，他爽快地答应了。

角色扮演

角色扮演是一种可以有效地调整孩子行为的方法。孩子天生都喜欢表演，让孩子扮演不同的角色，可以帮助孩子站在不同的角度和立场想问题。再加上父母不露痕迹的引导，孩子自己可以想到很多应对各种问题的方法。

随着时间的推移，皮皮的故事中科技元素越来越多，他用沙具创造大型采矿机，给我讲关于飞机研发（"研发"是皮皮的原话）、航母出海等故事。

他甚至开始讲班里的事，有时候会兴高采烈地把同学之间讲的笑话讲给我听。

他告诉我，他最喜欢科教频道，喜欢看科学探索类节目，讨厌电视剧，还叹着气说："不知道妈妈为什么那么喜欢看那些无聊的电视剧，而不陪我看我爱看的节目。”

皮皮说出了他的需求——希望妈妈陪自己看科学探索类节目。这是陪伴的需求。

他说：“我告诉你一个秘密，我将来要考航空类大学，或者矿业类大学。我就喜欢这些，我要做个科学家。”又说：“我跟同学说这些，他们都不懂，我懒得和他们说。”

有时候，皮皮到早了，会躲在门后小小吓我一下，看我猝不及防地被吓到，他非常开心。

总之，皮皮越来越放松。他已经放下戒备，从一开始不喜欢提学校，到现在主动讲学校的事，改变已经在不知不觉中发生。

随着时间的推移，皮皮真正放松下来了，他的沙盘已经是他内心需求的完全呈现。

皮皮有自己的兴趣爱好，还有远大的目标。他的内心看起来相比外表要强大得多。

这才是孩子本来的样子。在与咨询师的交流中，他展现出了自己的本真。

孩子需要高质量陪伴

这期间，皮皮妈妈告诉我皮皮在学校一切正常，已经很久没有和同学起大的冲突了。

从第二次咨询起，每次和皮皮一起工作前，我都会单独和皮皮妈妈谈 10 分钟左右，以我和皮皮的相处为例，和她讨论对孩子而言什么是真正的尊重、高质量的陪伴以及发自内心的欣赏。我希望她每周做记录，把自己在这些方面做得比较好的都记下来。

皮皮妈妈有点儿惊讶：“原来家长也要一起调整啊！我以为这只是孩子的问题。”

我告诉她：“孩子的问题是外显的，其实后边有很多家庭的因素。家长也需要调整。家长虽然有陪伴，但坦白讲，孩子更需要高质量的陪伴。对于皮皮来说，高质量的

很多家长都认为，孩子出了问题，调整和改正是孩子自己的事。殊不知，很多时候家长才是最需要调整的。

陪伴，也许就是和他一起看科技类节目，欣赏他的聪明才智，听他讲故事，甚至与他一起锻炼身体等。他是你们的孩子，你们应该了解如何更好地陪伴他。”

皮皮妈妈有点儿不好意思，说：“我们工作忙，本来觉得已经努力在陪他了。现在看来，一是陪伴的时间不太够，二是好像并没有做到心的联结。我们从现在起一定在这方面好好调整。”

转眼到了期末。

这天，皮皮眉开眼笑地进了咨询室，一进门就说：“老师，你猜猜我有什么高兴事？”我正打算猜，他笑嘻嘻地接着说：“我憋了一路，实在憋不住了，告诉你吧。我语文考了95分，数学考了93分，英语考了90分。老师在班里表扬我了，说我进步大呢！”

“哎哟，祝贺你啊！”我和他击了一下掌，问他，“这么厉害，你是怎么做到的呢？”

“你是怎么做到的呢？”这句话会激发孩子的表达欲和自豪感。不过，最好在表达肯定或夸奖之后再用这句话，这样效果更好。家长们可以试试看。

皮皮低头摆着沙具，喃喃地说：“其实吧，每周能来这里玩一次沙盘，我觉得很开心，这种开心够我受用一周。而且你很有耐心，能听我说话，我信任你。你说你相信我能学好，我就学好给你看看。”

他说了一大段发自内心的话，之后低着头，不敢直视我。

我很感动。这哪里是低情商孩子！

“要是……就更好了”，这样的话，在孩子取得成绩后使用，常会取得很好的效果。

我又“得寸进尺”地说：“你要是能坚持体育锻炼就更好了！”

他抬头看着我，说：“我会的！”

之后，皮皮的状况越来越好，我们见面的间隔一点点变长。慢慢地，我和皮皮的“沙盘之旅”接近尾声。最后一次咨询，我邀请皮皮妈妈一起参加。

皮皮说：“老师，我虽然舍不得离开，但是你也不用担心我，我很好。而且，我妈妈现在特别好，她变得比以前有趣多了。”

这真是世上最动听的夸赞。我偷看了一眼皮皮妈妈，她的眼睛都笑弯了。

写给家长的话

父母在与孩子相处时，需要耐心陪伴孩子，给予孩子充分的尊重和情感支持，要让孩子自由、安全地表达情绪和情感。文中的沙盘游戏、角色扮演等都是心理辅导的有效方式。此外，耐心聆听、编故事、绘画等也是让孩子排解心事和压力的好方法。让内心不平静的人有宣泄的出口，可以帮他们释放潜能，让压在心底的创造力迸发。

皮皮并不是问题儿童，他只是比同龄孩子瘦小一些，因此有点儿小小的自卑。同时，因为比同学们知识面广，他又有点儿小小的骄傲。这种矛盾的情绪和情感，导致他与同学之间不断发生各种各样的摩擦和矛盾。

对于快到青春期的孩子而言，合理宣泄情绪尤为重要。家长平时要留心，提早加以引导。孩子平时不发脾气，小情绪会积压在心里，积攒到一定程度，可能强烈爆发，会表现得比较暴烈。

问题的承载者是孩子，但问题的始作俑者其实是整个家庭系统。孩子出现状况，家长很担心，希望孩子能够调整，但家长也要拥有看到自身和整个家庭环境的问题的能力。

作为家长，在孩子成长过程中，要真正尊重孩子，而不是忽略孩子的感受；给予高质量的陪伴，而不是草草应付；发自内心地欣赏，而不是横加指责……只有真正做到这些，才可以和孩子平等交流，孩子的发展也才更积极、更健康。

回应小测试：提高陪伴质量

如果你家有开篇小测试中的场景，那你要小心了。这样的父母看似在陪伴孩子，实则在应付孩子。效果可能适得其反，孩子可能会反感、会生气，甚至觉得不需要你的陪伴。

高质量的陪伴，需要家长用心投入，遵循孩子的成长规律，与孩子愉快而和谐地沟通，和孩子一起做有意义的事，给孩子创造一个平等、安全的成长环境。

孩子在这样的环境中成长，会变得更独立、自信，更有力量。

不妨做些记录，记录孩子的成长足迹，记录你对孩子的爱与陪伴。比如：

1. 和孩子一起读过的书（或者孩子自己读过的书）。

____

2. 孩子了解的名人及他们的故事。

____

3. 和孩子一起参加过的校内外实践活动。

____

4. 孩子学会的新技能。

____

5. 我们家的趣事。

____

（以上记录条目仅供参考，可根据孩子的情况做相应的调整。无论如何，完成这些记录的前提，是高质量的陪伴。）

孩子为什么这么害怕考试

——别让孩子成为家庭问题的“替罪羊”

小测试

生气时，你通常用什么方式进行情绪宣泄？

____

____

____

____

仔细回想自己最近的情绪状态，在下图中选出自己常用的宣泄方式，并涂上颜色。你看到结果就会明白这样的方式恰当与否了。如果圈内文字没有涵盖你的惯常方式，可以在空白圈内添加。

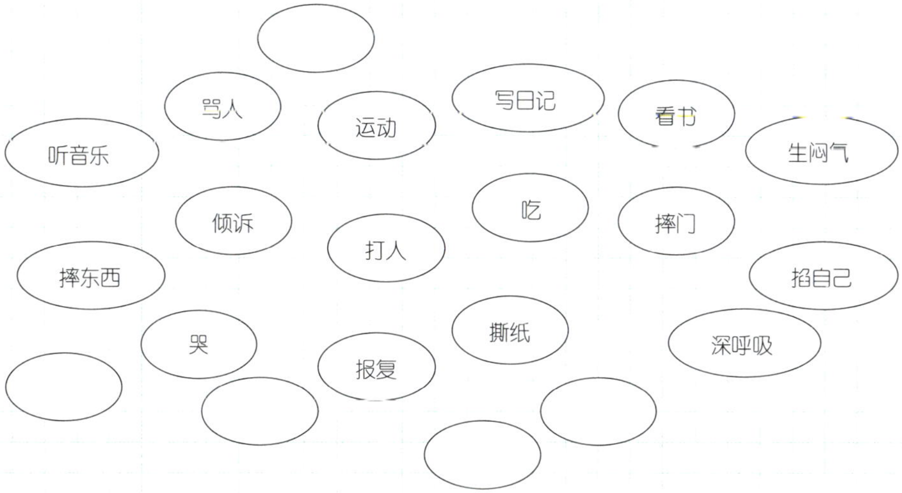

小晗和妈妈一起来到咨询室。小晗是个初二男生，就读于一所重点中学。

妈妈说，小晗现在有严重的考试焦虑，她担心这种状况会影响到中考，因此决定带小晗来做心理辅导。

孩子是否有主观求助动机，直接影响咨询效果。家长带孩子来咨询时，要考虑这一点。

我问小晗："是你自己想来，还是妈妈要带你来的？"

小晗看了我一眼，面无表情地说："我妈要带我来，不过我也不反对。"

"不反对就好办些。"我笑着说。

妈妈面部表情十分严肃，勉强笑了一下，说："这孩子吧，我真为他操碎了心，也不知道怎么回事，他每次考试之前都那么焦虑。他平时学习很好啊。"

以我的经验来看，孩子的考试焦虑和父母的教养方式是有一些关系的。

孩子大了，家长就变成侦探了

小晗坐得离我有些远，不主动说话，拿着一把钥匙甩着玩。

让家长参与，有助于咨询师看到家长与孩子的互动状态。

像大多数妈妈一样，小晗妈妈打开话匣子就收不住了，滔滔不绝地说着。有好几分钟，小晗妈妈都在说小晗如何如何优秀。

我说："孩子这么优秀，你们做家长的在教育方面肯定下了不少功夫吧。"

"可不嘛！我们就这一个孩子，给他报各种兴趣班，有机会就带着出去旅行。"妈妈说。

"那可真不错。平时你们对孩子要求严吗？"我问。

“还行吧，以前严，现在我觉得对他还挺宽松的。他想要做什么，只要合理，我都尽量满足。”妈妈说。

“嗯，这是你的感觉。要不要问问小晗，看看他怎么看？”我提议。

小晗妈妈扭头看着小晗，笑着问：“儿子，妈妈管得不太严吧？”

家长的感觉与孩子的感觉截然不同。由此可见，顺畅的亲子沟通何等重要。

小晗斜睨了妈妈一眼，说：“我觉得挺严的，不但严，还管得有点儿多呢。”

小晗妈妈略有点儿尴尬，对我说：“老师，您看，现在的孩子都不让家长管。我索性跟老师说件事，让老师看看我该不该管你。老师，我想，这件事和他的焦虑有关系。”

亲子之间发生矛盾，如果家长找人来“评理”，会让孩子感觉自己处于弱势的一方。给予孩子足够的尊重，才能保证亲子沟通正常进行。

我温和地打断了她：“我们稍微停一下，还是要问问孩子的意愿。他如果不愿意让你在这里说，我们就先别说。”

小晗扬了扬手：“没事，没啥大不了的，说吧。”

小晗妈妈说：“上学期，有个女孩子喜欢我们家小晗，一直在追求他。小晗并不喜欢她，那姑娘很执着，每天站在教室门口等小晗，给小晗一封一封地写情书。小晗不理她，她有几次拿着小刀在胳膊上划。这事小晗都没和我们说，有一次我看他微信发现了，才知道事情有多严重！”

说完，小晗妈妈扭头跟小晗说：“对不起啊！儿子，我不应该看你微信，上回也给你道歉了。”

小晗“哼”了一声，说：“你偷着看，我还能怎么样？”

“孩子大了，家长变成侦探了。”我开玩笑地说。

小晗妈妈说：“是啊，他又不主动跟你说，我想了解他的动态，只好偷看了。”

孩子长大后，会有自己的秘密，有些秘密并不希望家长知道。做家长的，出于各种担心，怕孩子出问题，会像侦探一样，偷看孩子的日记、社交软件聊天记录等。事实上，这是不恰当的。

“后来，我去学校找老师，并找来了那个同学的家长。大家一起想办法把这事解决了。我总觉得这事对我们孩子有影响。”

当事人自己的感受最重要

我看了看小晗，他一直没什么表情，还在玩钥匙。

我说：“好的，这事我知道了。不过这件事对小晗有没有影响，我需要单独和小晗谈。当事人是他，他如果不表达，我们谁也不清楚他的真实感受。”

小晗和妈妈一起点头表示认可。

我注意到，小晗妈妈在谈话过程中，一直在说她关心儿子的事，并没有提及小晗爸爸。

通常而言，孩子遇到各种状况后，父母都会共同参与解决。小晗妈妈的话里有很多情绪，她的表情也提示我，他们的夫妻关系有问题。

我问道：“小晗爸爸对这事怎么看？”

小晗妈妈的脸不自然地僵了一下，说：“他爸爸管得不多，和孩子也不怎么交流。这事他没管。不用他管，我自己能解决。”

我没有继续这个话题。在观察了小晗母子间的互动后，我告诉他们，咨询的目的是减轻小晗的焦虑，接下来我希望和小晗单独谈谈，也许后边家长要参与。

“我一考不好，我妈就骂我”

家长在与孩子沟通中，常常忘记尊重孩子，这是导致沟通不畅的一个原因。

和妈妈在一起的时候，小晗不那么配合，有些无所谓，一副高冷的样子。但在和我单独谈话时，小晗好像变了个人。他很坦诚，解释说刚才之所以不怎么说话，其实是在观察我。他觉得我和他周围的大人不太一样，会尊重他，才打算和我谈谈。

小晗说：“老师，我知道我考试焦虑的原因是什么。”

有时，年龄大一些的孩子知道自己的问题是怎么回事。

“哦？那你说说看。”

“我妈平时温文尔雅的，可我一考不好，她就会骂我。哎呀，我都没法说她。”小晗说，“说实话，我挺怕她骂我的。她一骂我，我就汗毛倒竖。后来，一考试我就紧张，一紧张，我就考不好。我也想考好，可是谁也不能保证每次都正常发挥呀。现在，但凡遇到重要点儿的考试，我考前都睡不好、吃不好。”

妈妈原来是小晗考试焦虑的始作俑者。

“你妈妈知道你这个情况吗？”我问。

小晗摇摇头：“我哪敢说？说了又招骂。学习上，我一有点儿问题，我妈就像变了个人似的。”

“那个女生的事对你有影响吗？”我问。

小晗说：“那事是挺烦人的，不过现在已经解决了。我们又不在一个班，真没什么。我妈老说那事影响我，我不觉得。我觉得，我考试焦虑就是因为怕被我妈骂。”

具体的困扰对孩子的影响有多大，是孩子说了算的，因为他的感受最实在。

“如果你妈妈不骂你，你的考试焦虑就会减轻，是这样吗？”我问。

“肯定！我学得不差，考前没有那么大压力，应该能考好。”

“请您帮帮我妈”

小晗想了想，又说：“老师，我在这里什么话都可以说吗？”

“当然，只要你愿意，我会为你保密。”我说。

小晗说：“好吧，老师。我这么跟您说，我觉得我妈应该找您做咨询。我妈和我爸关系不好，原来总吵，现在不怎么吵了，经常冷战。我觉得我妈压力太大，她的关注点全在我成绩上了。我成绩一不好，她就会发脾气。我爸在家不怎么说话，平时也不怎么理我。我平时和我妈关系挺好的。她偷看我微信，我虽然生气，但也不和她计较。他俩冷战，我不知道怎么办，挺无助的。”

小晗说完，又补了一句：“我说的这些话，您都可以跟她说。我觉得您值得信任，请您帮帮我妈。”

原来如此。

小晗无助的样子再次提醒我，他还是个成长中的少年，他承受了本不该他承受的焦虑。

了解了小晗焦虑的原因，我评估小晗并没有其他问题，于是教了他一些缓解焦虑的方法。

缓解焦虑的方法

想减轻小晗的焦虑，要从源头做工作。弄清楚原因，再选择方法，才能既治标又治本。

腹式呼吸法可有效缓解当下的焦虑。

1. 将手放在肚脐处。
2. 吸气时，最大限度地鼓肚子，胸部保持不动。
3. 呼气时，最大限度地收肚子，胸部保持不动。
4. 如此循环往复，将关注点放在腹部，细心体会腹部的一起一落，慢慢达到身体放松，减轻焦虑感。

我们约好，后边的咨询要和妈妈一起工作，如果小晗下次考试前还有较严重的焦虑，可以来找我。

“我要让孩子相信我，反正我做到了”

在和小晗妈妈工作时，我们谈了她对孩子发脾气的事。谈到孩子的无助，她泣不成声：“夫妻间的事，我并不想把孩子牵扯进来。我工作压力大，孩子爸爸在很多事上和我有分歧，动不动就冷战。我心里烦躁，经常睡不好，平时在儿子面前尽量不表现出来，可是一看到他没考好，就气不打一处来，常骂他。不过，我没想到给孩子带来这么大影响！”

小晗妈妈叹了一口气接着说：“现在想想，我就是拿孩子撒气。孩子成绩也没那么差，但我骂着骂着就收不住了。”

原本针对小晗的咨询由此转变为针对小晗妈妈的咨询，我们的目标是合理宣泄情绪。

关于夫妻关系的问题，我提议，如果小晗爸爸愿意的话，可以做相关咨询。

后来小晗妈妈告诉我，他们两口子一起做咨询了，现在关系已经有所改善。

小晗妈妈说，期末考试前她郑重地告诉小晗，妈妈知道他努力就足够了，肯定不会再因为成绩骂他，说到做到。

我笑着问：“有效吗？”

小晗妈妈笑了：“我要让他相信，反正我做到了。”

小晗没有再约我的咨询，看来，他的考试焦虑暂时不太困扰他了。

写给家长的话

家庭出了问题，孩子很容易成为“替罪羔羊”。

小晗妈妈因为各方面的压力，有很强的焦虑情绪。当某些问题解决无望时，她将所有关注点都放在孩子身上，将孩子当作自己宣泄情绪的出口。家长的负面情绪需要宣泄，选择合适的宣泄途径很重要。无论如何，孩子不应该成为这个出口。

小晗的问题表面上看是考试焦虑，实则是他承受了太多来自妈妈的压力，焦虑着妈妈的焦虑。当家庭变得和谐，关系慢慢修复，所有问题就迎刃而解了。

回应小测试：合理宣泄愤怒情绪

愤怒情绪是每个人都会有的，而且它无时无刻不在我们身边。

愤怒本身没有错，它只是一种正常的情绪而已。之所以它会带来不恰当的后果，是因为表达的方式不合适。

像愤怒这样的负面情绪，好比毒药，如果不排解出来，会一直留在我们的身体里，日积月累，会慢慢侵蚀我们的健康，甚至引发心理问题或生理疾病。

合理宣泄情绪，可以达到“解毒”作用，从而确保身心健康。前提是，不伤害自己，不伤害他人。

想住在医院旁边的孩子

——家族压力导致的惊恐发作

小测试

每个家族都对后辈有这样或那样的期望。静下心来想想，你对孩子的期望是什么？根据自己的情况，将以下家族期望进行排序。

- 健康
- 平安
- 幸福快乐
- 家庭美满
- 学识广、学历高
- 社会地位高
- 衣食无忧
- 有稳定的工作且有建树
- 孝顺
- 情商高、有教养
- 人脉广、人缘好
- 有爱心

读高一的小北是班主任老师陪着来的。小北的情况有点儿特殊，他是父母在外地的北京孩子。

父母在外地的北京孩子

小北的父母大学毕业后留京工作，小北出生没多久，家乡有个非常好的创业机会，两人辞去工作回去创业。小北从小在老家上学，直到初中毕业。

这些年小北家的生意做得风生水起。到了小北读高中的时候，家人安排小北回到北京上学。小北有个小他 5 岁的妹妹，妈妈走不开，于是请了一位住家保姆照顾小北的生活。

高一眼看就要过去，临近期末，小北状况频发。这天，小北在学校突然说难受，脸色惨白，呼吸急促，被送到医院。医生检查后发现他血压有点儿高，不过很快恢复正常，并没有检查出其他器质性病变。之后几天，小北又出现类似情况。小北的班主任不知道这种情况是不是和心理有关，征求小北的意见，问他是否愿意找心理咨询师。小北非常爽快地答应了。

小北是未成年人，心理咨询须由成年人陪同。助理在电话中将这一规定告诉了班主任老师，于是家长委托老师陪小北前来。

“孩子是在没事找事”

小北是个小帅哥，白白净净，很有礼貌。刚一坐定，他就急着开口，给我讲述他的症状。他说话很快，一直在抖腿，有明显的焦虑情绪。等他说了一会儿后，我请他稍微说慢一点儿，他听话地放慢了语速。

放慢语速，会减轻焦虑感。

小北说到被送去医院时，我问："你当时觉得难受时，有快要死了的感觉吗？"小北一拍大腿："对对！老师，我胸闷、上不来气，觉得快要死了。"

结合小北的焦虑表现，以及这种"濒死感"，我评估他当时很可能是惊恐发作。由于精神类疾病的诊断不是心理咨询师的工作，我建议他去精神类专科医院进行检查。

惊恐发作

惊恐发作指急性焦虑发作，是一种精神类疾病。患者会有一种突如其来的惊恐体验，表现为严重的窒息感、濒死感和精神失控感。作为咨询师，我只是初步评估，具体诊断还需要精神类专科医院的医生来进行。

通常而言，人们对去精神类专科医院会有些抵触。让我有点儿意外的是，小北说他可以接受，因为他将来想学医，有些零散的知识储备，知道去精神类专科医院并不是因为自己"疯了"。

小北有着超乎他年龄的见识，他希望能和我谈谈他的整体情况，从心理层面获得一些帮助。

精神类疾病病因不明，目前治疗主要从生理、心理、社会三个维度进行。生理方面，主要指的是遗传因素。心理方面，指人格特点等。社会层面，则是指相关社会因素。

小北告诉我，他最近和家里人——主要是父亲有些矛盾。他父亲这些年做生意不容易，所以想让小北将来考公务员。而小北的志向是当一名医生。小北畅想自己未来的生活时很放松，可是说到父亲的期望时又不由得剧烈地抖起腿来。

小北性格细腻，遇事想得多。这件事和父亲达不成共识，让他很苦恼。而父亲知道他的身体出了状况时，刚开始很紧张，后来得知每次都没有查出什么问题时，就不耐烦了，甚至在电话里大声呵斥小北，说他"没事找事"。

小北说："老师，我现在恨不得住在医院边上，我觉得那样我就安全了，一有事就能第一时间赶去医院。"

父母不在身边，在北京的"家"孤立无援的小北，深陷焦虑之中，痛苦不已。

“会有生命危险吗”

我看到小北的紧张和害怕。

我问小北：“能不能请家里人过来陪你一段时间？”

小北摇摇头：“我没敢说，只说了身体情况，就被爸爸骂了一通。估计暑假妈妈才会来。我家是爸爸主外，妈妈主内，妈妈负责我和妹妹的生活。”

小北有明显的焦虑情绪，应对当下的焦虑最好的办法是放松。我引导他做了冥想放松，并让他回去后多练习，尤其是睡觉前，让自己的身体完全放松下来。

小北是个敏感的孩子，对于这样的孩子，如果得到他的信任，给他一些能让他放松的暗示是比较有用的。

另外，我告诉他，他的这几次“发病”，以我的经验来看，是不会有生命危险的，不用太紧张。

小北将信将疑地看着我说：“老师，我怕死啊，我不会有生命危险吧？”

“应该不会。不过你还是要到专科医院去看一下。医生若建议服药，要听医生的话。药物可改善相关症状，同时再配合心理咨询。”我尽可能让他安心。

孩子遇到问题，各方合力应对总是好的。

咨询结束后，在外边等候的班主任老师询问我是否要请小北的家长过来。他说，学校很担心孩子的状况。我说，家长能来对小北的好转肯定有帮助。

“我不信爸爸会后悔”

第二次咨询时，小北和妈妈一起来了。

接到学校的电话，妈妈第一时间陪小北去专科医院看了病，这几天一直陪在小北身边。

医生认为小北患有惊恐发作，也就是急性焦虑发作，建议他边服药边做心理咨询。得到这个诊断，小北倒有些放松了。他说，他在网上查过了，这个病虽然比较麻烦，但是不会导致猝死。

过去这周，也许是妈妈来了，小北睡眠好了一些。他说，睡不着的时候有妈妈陪着说话，他感觉好很多。这期间，他也有过几次心悸、盗汗，想到我上次说的话，在床上躺了会儿，尽量放松身体，再加上有妈妈在，一会儿就好了。

家人的支持在此时极为重要。

小北妈妈询问我惊恐发作是不是精神病，这病要多久才能好。

我向她做了知识普及，告诉她惊恐发作是精神类疾病的一种，但不同于民间所说的精神病。此外，关于多久才能好，这和很多因素有关，一方面要遵医嘱服药，不可随意停药、减药，同时要配合心理咨询。

以我的判断，小北的焦虑可能和与父亲的矛盾以及自己的性格有关。

小北妈妈说："他爸爸是一心想让孩子将来走仕途。我们那边确实有这样的情况，很多人家里做生意，但都希望孩子将来能考公职。我没觉得这样有什么不好。再说，我们家大事小情都是他爸爸一个人说了算的。我没想到孩子会这样。"

小北妈妈继续说："孩子表达过几回他的想法，他爸爸坚决不同意。父子俩为此争吵过。"

小北听到这里，说道："哎呀，别说他了，我一听到他就来气！"

小北妈妈说："前几次孩子身体不舒服，往家打电话，我很着急，其实爸爸也着急。可是，孩子后来没事了，他就说我平时太惯着孩子了。"

在不了解精神类疾病发病状况时，发生误会是可以理解的。

"我想了想，觉得也是，我确实特别在意他们兄妹俩。小北挺争气，学习也好，很让人省心。这些年，只要他想做的事情，我都不会拦着。当然，他也不是会干坏事的孩子。"妈妈补充道，"刚开始爸爸说他这是没病找病，以此要挟我们。医院有诊断后，爸爸有点儿后悔了。"

"我爸那么说一不二的人，会后悔？我不信！"小北说。

"你爸爸其实很疼你的，一直对你寄予厚望，希望你将来能有出息。"妈妈说。

"爸爸也许并不擅长表达自己对孩子的爱。"我说道。

父母在家中要注意角色的适时转换，把自己的社会职业角色带到家中，会妨碍亲子沟通。

"对对对！"妈妈赶紧说，"他爸爸脾气暴，在公司管人管惯了，在家也一样，说话也是呼来喝去。而且他太忙了，孩子们主要是我来照顾，所以孩子们也体会不到他的爱。"

小北嘟囔了一句："在他眼里，我将来不考公务员，就是不孝顺。"

"你爸这人思想有点儿传统，其实那也是你爷爷的希望。你爸爸也是听他爸爸的。"小北妈妈说道。

"他听他爸爸的，我就得听他的啊？他是他，我是我。我不想过家长安排好的那种生活。"小北很不满。

我明白了小北的境况，他面对的岂止是来自父亲的压力，更是来自家族的压力！这些有形无形的压力，"压"出了本来思虑就很多的小北的症状。

孩子健健康康最好

小北妈妈继续说：“其实你爸爸很担心你，这几天天天打好几个电话给我，问东问西。”

“那他有没有说以后不让我考公务员了？”小北眼睛一亮，问道。

“哪顾得上说这个，都惦记你的病了。”妈妈说，“你别急，咱们慢慢做他工作，妈妈这次站在你这边。我这几天看你难受的时候，就想，孩子健健康康最好，父母不能按自己的意思给孩子画那么多道道。”

身体健康、心理健康都要重视。

我给小北的妈妈竖起大拇指。

鉴于小北的情况，我提醒他的妈妈，如果可以，要陪伴小北一段时间，让他慢慢恢复。

此后，妈妈一直陪伴小北到放假。假期开始后，他们出去旅行了一段时间。

小北单独做了几次咨询，他很喜欢和我谈话。

对于独自在外求学的中学生而言，有一个可信任的成人进行交流弥足珍贵。

我们在轻松的气氛中做着咨询，根据他的性格，探索帮助他宣泄情绪的有效渠道，让他接纳自己偶尔的“发病”，以及帮助他解决成长中的其他小问题。

临近开学，我又给他们母子俩做了两次咨询。因为妹妹还在老家上学，开学后妈妈要回老家照顾妹妹。我要帮助小北慢慢适应和妈妈的分离，逐步减轻小北对妈妈的依赖。

写给家长的话

惊恐发作是焦虑症的一种，表现比较剧烈，“来得快去得也快”，但由于会导致濒死感，容易给人很大的冲击。

精神类疾病虽然病因不明朗，但依然是有据可循的。

小北呈现的问题，固然和他的性格有关，但更与其家庭甚至隐性的家族压力有关。当这强大的压力袭来时，小北扛不住了。症状是孩子求助的信号。他用症状来表示他的难以为继。当然，这些都是潜意识层面的。事实是，小北自己也无法控制自己的症状。

这是遵循传统家长制作风的父母始料未及的。

这个时代的年轻人，见多识广，有自己的想法，有自己的追求。为人父母者，自然需要时刻调整自己的步伐。步调一致，大家才不会出问题。

回应小测试：家族期望

看看开篇小测试中自己的排序，思考一下这样的排序对你的生活产生了什么影响，对孩子的教育又产生了什么影响。

____

____

____

____

用抑郁症对付妈妈的女孩

——放下强势，给孩子一点儿自由

小测试

对于你们家最近发生的一次冲突，你们是怎样处理的呢？处理的过程顺利吗？

记录下你们的处理过程。

小伊签完咨询保密协议，坐在我对面，不安地绞着双手，好几次想开口说话，又都咽了回去。

“我要用抑郁症来对付我妈”

当孩子遇到问题时，介入的时机很重要。如果孩子没有准备好，不妨先等一等。

这个姑娘虽已经读大学三年级了，但显得有些稚嫩，不过眼神里又有些古灵精怪。我看到她内心的挣扎，想稍微等她一下。

小伊沉浸在自己的情绪中，过了一会儿，才鼓足勇气问我：“老师，我真的什么都可以说吗？”

“是的，你觉得安全的话都是可以说的。”我回答道。

“哦，可是，如果我说了，您会不会觉得我是个坏女孩？”小伊又小心翼翼地问道。

“那不会，我们做咨询是从人性的角度理解来访者，而不是从道德的角度加以评判。”我说。

“哦，那我说了。”小伊又确认了一遍。

“这里是安全的。”我含笑看着她。

“好，”小伊像是下了很大决心，“老师，抑郁症能装出来吗？”

“哦？你的问题有些特别呢。”我回应道，“提出这样的问题是出于什么考虑呢？愿意说说吗？”

终于把问题说出口，小伊长长地吁了一口气，放松了一些：“我在网上查了一些信息，精神科医生诊断抑郁症主要看量表。我研究了一下抑郁症的表现，我觉得我能装出来，但又不确定能否成功，就壮着胆子想找您问问。”

小伊一口气说完，还没等我接茬儿，又急忙补了一句："您不会觉得我脑子有问题吧？"

"那倒不会，"我笑着说，"你做了这么细致的研究，这小脑瓜多好使啊。不过，我要澄清一下。你所说的量表确实是精神科医生诊断时用的，但量表结果只是参考，而不是绝对依据。精神科医生诊断依据包括量表、各种相关检查以及专业问诊和观察。所以，装抑郁症难度很大。"

"哦，这样啊。"小伊的声音透着失望。

我问道："不过，你要装抑郁症，一定有你的理由，愿不愿意说说看？"

"是呀，我才不想得抑郁症，但是我觉得我需要抑郁症。"小伊说。

"需要抑郁症？"我重复了一下她的话。

"嗯，我需要用它对付我妈。"小伊吐了一下舌头。

小伊告诉我，妈妈特别强势，她和妈妈关系一般，最近尤其不好。上周，她们又发生了冲突，小伊情急之下喊了句："你再这么对我，我就要得抑郁症啦！"妈妈马上偃旗息鼓，败下阵来。小伊的本意是吓唬妈妈，没想到这招很有用。妈妈接下来的几天对她特别好，言听计从，不过只是过了几天，又和原来一样了。

小伊从这件事中得到启发，她觉得如果自己能装出抑郁症的状态，妈妈一定会紧张，会对自己小心翼翼，那自己在家的日子就好过多了。小伊还想，如果妈妈非要带自己去医院的话，自己就认真装，骗大夫，然后把药悄悄扔掉。

为了抗争，孩子可谓想尽了各种招数。

小伊打好了小算盘，为了提高成功率，前来咨询我。"其实，我知道这招挺蠢的，可是我真没办法了。"小伊苦恼地说。

“我要争取在家里的权利和地位”

原来，小伊从小一直是个品学兼优的孩子，父母从不为她担心。现在，乖女孩想要发言权了。问题来了，强势的妈妈成为她的阻碍。妈妈还像以前那样事事为她安排好，但她已不想做以前那个时时听话的小伊了。她要抗争，于是冲突迭起。

“我妈一直是我家的女王。她很能干，家里的钱大部分都是她挣的。我爸逆来顺受惯了。可是我不愿意逆来顺受。我现在长大了，我要争取在家里的权利和地位！”小伊说话间，攥起了拳头。

“不过，”她又蔫了下来，“我一直对付不了她，装病不成的话，我就没招了。难道我又要陷入她的暗黑统治之下吗？”小伊耷拉着脑袋说。

“你开始叛逆了。”我笑着对小伊说。

对于比较听话的孩子而言，逆反期可能会来得晚一些。

小伊抬起头，苦笑一下：“对哦，中学时同学们都叛逆，可那时我很乖，我现在是在补课啊！”

“妈妈怎么看你们的冲突？”我问道。

“我感觉我妈挺着急的，有次我无意间听到她和我小姨打电话说她要被我气死了。”小伊说。

“所以我们需要想办法协调你俩的关系。”我说。

“对对！其实谁也不想这样，一家人开开心心多好。”小伊叹了口气，“成长的烦恼啊！”

“学会应对烦恼，就会真正成长。”我说，“你愿不愿意邀请你家女王过来？我们三个一起工作，看看怎样帮助你们。”

“这样啊，她要能来就好了，您帮我劝劝她。我尽量争取让她过来吧，不然我就做好和她生气的准备了。”小伊孩子气地说。

“我呀，也不是你的帮手。我只是认为咱们三个人一起工作能更快速、有效地解决问题。”我对小伊说。

“好，我尽量。不过她真的不来的话，我可怎么办呢？我的问题就解决不了了吗？”小伊有些担心地说。

“不要紧。如果她不肯参与的话，我们两个一起工作，也会有办法的。以你的变化带动她的变化，可能会慢一点儿，但也有效。”

“好！”小伊放心了。

“这孩子一点儿也不让人省心”

小伊妈妈是很愿意来的，从她急切的神态就能看得出。

小伊妈妈一坐定就说：“老师，能来和您聊聊真是太好了。这孩子最近一点儿也不让人省心，一回家就和我对着干。您说这是怎么回事啊？”

“你不惹我，我能那样吗？”小伊抢白妈妈。

“你看看你现在这样子，越长越没样了，真不如小时候，上了大学反而不懂事了，芝麻绿豆大点儿的事都要和我较劲！”小伊妈妈说。

“凭什么呀，我就长不大吗”

我邀请小伊母女俩分别画一下她们两人平时对峙的状态。妈妈一听要画画，连忙摆手：“别别别，我不会画画。小伊画吧，我说就行。”

“画画是心理辅导的一种形式。这里的画，并不是美术意义上的画。你只要能大致画出自己想表达的意思就行，只是尽量不要将人画成火柴人，其他的随便发挥。”我一边拿纸和彩笔，一边向她们解释。

小伊妈妈笑着说：“我这都有几十年没画过画了。”

“没关系的，如果实在不想画，不画也可以。不过我还是觉得您可以试试。”我说道。

这对母女不吵架时，对话还是挺有趣的。

“那好吧。你别笑啊。”小伊妈妈一边挑着彩笔，一边对小伊说，“尤其是你，不许笑啊！”

小伊翻了下眼睛，说：“才懒得笑你。我要专心画画了。”

小伊画的两个人一大一小，面对面站着。大些的那个是妈妈，小的那个是自己。小伊在画中的自己头上画了个包裹，加上顶的这个包裹，她就和妈妈一样高了。小伊妈妈画的也差不多，一大一小两个人，大的是自己，小的是小伊。

我请她们各自描述自己的画。小伊先开口说了，她说她觉得自己太弱了，有帮手才有能力和妈妈抗争。她边说边指指头上的包裹。

绘画非常直观地呈现了母女俩的关系。

我问她那个帮手是指什么？她狡黠地冲我挤挤眼：“就上回我跟您说的那个，您懂的。”

和我判断的差不多，小伊要将“抑郁症”当成她与妈妈抗衡的帮手。

小伊妈妈不但画出来了，表达的意思也相当清晰，她说，她和小伊之间就是一个大人和一个小孩的关系。

听到这儿，小伊忍不住了："凭什么呀，我就长不大吗？我都上大学了，好不好？"

"无论你多大，我都是你妈！"小伊妈妈瞪了女儿一眼。

我问小伊妈妈："能再具体点儿说说你和女儿的关系吗？"

"母女关系，一直以来就那样。我把她的生活都安排好了，她只要好好学习就行，家里也没什么让她操心的事。我家虽然不是大富大贵之家，养女儿还是舍得的，不缺她啥。我自认为我这当妈的做得不错，没让她吃过什么苦。以前家里没钱时，也没亏着她。"小伊妈妈说这话时，语气里有些自豪。

"嗯，你在照顾孩子的物质生活方面很尽责。"我说道。

小伊妈妈使劲点着头。

"不过，你打算什么时候让女儿长大呢？"我问。

小伊妈妈愣了一下："老师，我没太明白您的意思。"

"我们来看一下你俩的画，你们的画有什么区别呢？"

"我要长大！我妈把我画得那么小，根本就不想让我长大！"小伊指着画说。

"这孩子！什么叫不想让你长大啊？你现在不是长大了吗？"小伊妈妈嗔怪道。

"哎呀！急死人了！我的意思是说，你不能总当我是小孩子！你不能什么事都包办代替！"小伊急得喊起来。

"老师，你看看，我俩现在就不能正常对话，我都不知道自己哪里错了，活了半辈子，不知道怎么和孩子说话了。"小伊妈妈看着我，声音里透着委屈。

妈妈根本没有意识到她和小伊所说的"长大"不是一回事。

“小伊，你画里想表达的意思愿意跟妈妈说吗？”我看向小伊，问道。

“说就说！太急人了！您看到了吧，我们平时说话就这样，各说各的，闹得两人都不开心！”小伊指着她自己的画说，“妈！你看看，我为了和你平等对话，我都给自己找帮手了！”

“帮手？”小伊妈妈疑惑地问。

“是，帮手！我有一次跟你说我快得抑郁症了，你居然暂时放下强势，给了我一点儿自由。那以后，抑郁症就是我的帮手！得了抑郁症，我才能和你平等对话，我才能表达我的观点！”小伊鼓足勇气一口气喊了出来。

“啊？你刚才说什么？你得抑郁症了？”小伊妈妈紧张地盯着小伊问。

小伊没有说话。

“刚才小伊说的是气话，她并没有得抑郁症。”我对小伊妈妈说。

“谢天谢地！吓死我了！”小伊妈妈用一只手抚着胸口对小伊说，“帮手就帮手吧，为什么要提抑郁症！”

我笑着说：“抑郁症当然也不是洪水猛兽，正确对待就好。其实，小伊想表达的重点是她要长大，她想要一些成长的空间。她现在并没有能力和您抗衡，所以只好找个帮手。她有了帮手就可以和您打个平手啦。”

“她为了发言权而故意得的抑郁症？”小伊妈妈瞪大眼睛看着我，“这么极端？”

“不然呢？我永远都得被你安排，像我爸一样，活得没有自我。”小伊小声地说。

“我吃苦受累，为全家操心，真是出力不讨好。”小伊妈妈充满挫败感地苦笑着。

孩子追求自由民主来了

“每个人都不希望自己的生活由别人来操控，您同意吗？”我轻轻地问小伊妈妈。

小伊妈妈没有说话，陷入了思考。

过了一会儿，我说：“如果小伊在学校什么都听别人安排，没有独立作决定的能力，您怎么看？”

“那怎么行？那不是受人欺负吗？”小伊妈妈坐直了身子，迅速说道。

“被你欺负可以，被别人欺负不行。”小伊接话道。

“真的不是欺负你。”小伊妈妈摇了摇头。之后，她对我说：“孩子长这么大，一直很让人省心，我也没多想什么。她现在闹得这么凶，原来是追求自由民主来了。”

我和小伊都被逗乐了。

“可是直说不行吗？非得这么折腾妈妈？”小伊妈妈苦笑了一下。

“就是因为不行啊！我直说，你哪听得进去？”小伊说，“在家里迫于你的气势，我不敢怒，不敢言。幸亏我和同学在一起时还有点儿自由，不然早憋出内伤了！”

我们又被小伊逗乐了。

我问小伊妈妈：“您愿意给孩子更宽松的成长空间吗？”

“愿意，愿意！”小伊妈妈忙不迭地说。

“嗯，这样小伊在心理上就能将自己定位为成年人，你们就能够平等对话，她也不用找别的帮手了。”我说道，“也不知道真正做起来困不困难。”

“老师！我有办法！只要我妈和原来一样，我就喊一声‘我有抑郁症’！然后我妈就能调整自己的言行。”小伊调皮地说，“妈，此计可好？”

小伊妈妈看了看女儿，无奈地笑了，说：“好吧，按你说的，我尽量调整。”

“抑郁症”风波至此平息，母女俩手挽手回家了。

写给家长的话

随着年龄的增长，孩子到了青春期后，很多开始逆反，他们认为自己已经长大，频频与父母抗争，轻则吵闹不休，重则表现出各种躯体症状，更有甚者，会离家出走。事实上，并不是所有孩子在青春期都会逆反，有些和父母沟通很好的孩子，情况就会好很多。

有一些人的逆反来得晚一些，但来势汹汹。小伊这个看起来有点儿极端的案例，有一定的代表性。与家长的抗争，是孩子长大的宣言。羽翼丰满的鸟儿要高飞，这是不可逆的趋势。人也一样。

好家长是懂得给孩子成长空间的，尤其要给成年的、尚未离家的孩子足够的成长空间。

回应小测试：多元问题解决方案

解决问题“只有一种方法”，是一种固化思维。在家庭教育层面，它所带来的最大的问题是：家长试图让孩子接受一个预先设置好的“正确”的方案，如果孩子不接受，家长会放弃解决问题，由此双方会产生冲突。

“头脑风暴”是一种激发集体智慧，寻求创新设想的思维方式，在家庭教育中可以尝试使用。

面临问题时，要允许、鼓励每位家庭成员说出任何他能想到的解决方案，直至找到被大家接受的解决方案。

开篇小测试中的冲突如果解决得不好，或者没有得到解决，试着用“问题通常不止一种解决方案”的理念，记录下你们“头脑风暴”的内容，看看结果会有什么不同。

家庭冲突：

方案 1：______________________________

方案 2：______________________________

方案 3：______________________________

一个小留学生的焦虑

——倾听是重要的教养方法

小测试

你会倾听吗?

回顾与孩子的交流，检视一下，你习惯“先听”还是“先说”？你说得多还是听得多？如果可以，请将具体情形记录下来。

小海是个在国外读高中的小留学生，最近因为抑郁状态回国。很快，一个月假期就要过完了。归期渐近，小海天天晚上睡不好，心烦意乱，看不进去书，他的焦虑又加重了。

很多人的抑郁状态都伴有焦虑。

妈妈带他来寻求帮助。

小留学生的焦虑

小海主动提出要单独和我谈。我了解到，他在国外的学校做过两个月咨询。小海说，那个咨询对他来说帮助并不太大，他觉得咨询师不能理解他，他感觉有文化上的差异。

文化差异对于留学生是一个重要议题。

我请小海谈谈他在国外的适应状况。小海避而不谈，他说要先讲讲最近在家的感受。

小海的妹妹在国内上小学。小海说，他非常喜欢妹妹，只有和妹妹在一起，他才会有爱的感觉。

看到我略带疑问的目光，小海解释说，他也爱爸爸妈妈，但他的爱被爸爸的专制、妈妈没完没了的唠叨以及爸妈之间无休止的争吵淹没了。

小海拿了一只小鸡玩具代表妈妈，一只大熊代表爸爸，用正常男孩和女孩来代表自己和妹妹。他在桌上摆了全家四口的日常状态。他和妹妹站在一起，与父母之间有一段距离，父母则是面对面站着。他说，父母总是针锋相对。

小海指着玩具小鸡说："我妈就跟这只鸡似的，天天叨叨叨。我爸，是熊，是狗熊，脾气那么差，家里什么事都想做主。他们两人一起办公司，上班的事还要拿到家里来吵！”小海愤愤地说着。

我问道："在家的感觉比起在国外的感觉怎么样呢？"

“好歹这是我自己的家”，一句话道出了小海内心深处的心酸。

小海不假思索地说："当然还是家里好一点儿，虽然家里乱糟糟的。刚回来时，他们对我好了几天，后来就开始不耐烦了，但好歹这是我自己的家，我有自由。"

说完，他的神色黯淡下来。

寄宿家庭的爸爸就“像狼一样”

小海告诉我，他初中毕业后去国外读高中。开始时爸爸陪了他一个月，然后他就自己一个人住在寄宿家庭了。

他在国外生活、学习，语言、功课等方面都没有问题，就是不知道怎么和同学相处。另外，更大的困难是，搞不好与寄宿家庭的关系。

小海国外寄宿家庭的爸爸是个健谈的叉车司机，他有三个孩子，他们和小海在一个学校。这是个典型的美国蓝领阶层家庭，父母非常重视家庭氛围，更希望孩子们开心快乐，对学习成绩不是很在意。每天他们一家人都会开心地聊天、玩闹，也会邀请小海一起参加。

小海生性好静，并不喜欢太热闹的场合，而且也觉得父母花钱让自己出来上学，自己一定要争气。小海非常自律，对自己有很高的要求，希望自己在学业上能够出类拔萃，所以一放学就在自己房间看科学杂志、写作业、摆弄计算机。

最初，小海出于礼貌也会和大家一起聊天、玩，渐渐地便觉得这样有些浪费时间，当这样的时刻变成了负担，他就不太愿意出去了。

寄宿家庭的爸爸非常不理解小海的行为，他认为小海不合群，当小海鼓足勇气说了自己的想法后，他还是不能理解，并且表现得不太开心。

这样，整个寄宿家庭的气氛变得怪怪的，大家都觉得问题出在小海身上，觉得他是个怪人。小海也越来越不爱说话，在家吃完饭就回房。寄宿家庭的爸爸有时会去接孩子们放学，这种时候，从学校到家的这段车程，对于小海来讲也特别漫长。

文化差异及个体价值观差异在这里表现得非常明显。

小海在学校日渐沉默寡言，不愿意和同学交流，不愿意参加学校活动，经常发呆。老师推荐他去做心理咨询，然而他的情况并没有太多改善。渐渐地，小海晚上入睡都十分困难，食不甘味，人很快消瘦下来，只好回国休息一段时间。

我见到的小海是愿意表达的，和他所描述的“沉默寡言”不太能联系上。我把我的这种感觉告诉了他。

小海说：“我平时是话少，国内有几个朋友，但这次觉得突然回家这事很丢人，就没和同学联系。我最近在家里憋坏了，没处说话，所以就在您这儿巴拉巴拉说这么多。”

“其实人人都有表达的需求。”我笑着说。

“是的。不过很多时候我就是不愿意说话，可能是谈话对象不对路。”小海说道，“寄宿家庭的爸爸聊的那些我兴趣也不大，他还老让我和他们在一起，老教育我要和他们一样，弄得我一听他说话就紧张。”

寄宿家庭爸爸的热情给小海造成了很大困扰。

小海说，回国的这段时间，寄宿家庭的爸爸会在网上询问他的情况，可他还是很害怕和那个爸爸交流，甚至都不愿看他发来的信息。若实在需要回复，他就让自己的爸爸代劳。

小海说着，顺手从架子上拿起一只狼玩具："那个爸爸就像狼一样，让我不寒而栗。可是我没换寄宿家庭，相比起来他还算好的。一起出去的同学有人换了寄宿家庭，有的还不如原来的，因此我不敢随便换。"

小海说完后，好像用光了所有的力气，像软面条一样瘫坐在沙发上，年轻的脸上愁云密布。

"小留学生在外边的生活好像没有别人看到的那么风光。"我叹道。

小海用手背抹了一下眼泪。

"我内心的脆弱谁能理解"

"你现在的情况，爸爸妈妈怎么看呢？"我问小海。

"他们没说什么，就说不成的话就回来。我好不容易出去，根本不可能轻易回来。所以我还得按时回去上学。"小海有气无力地说。

"哦，你自己怎么看你的状况？"我问道。

"一点儿也不好，一想到要回那个寄宿家庭，我心里就紧张，对回学校后的生活也充满担心。"

从小海的表述来看，我初步评估：他由于无法应对人际关系的困扰，又没有得到有效的帮助，因此陷入恶性循环，出现今天的局面。

我想，小海需要人际关系方面的一些技能训练，同时需要来自父母的支持。

小海的妈妈是位干练的职业女性，她说小海刚回家时情绪不太好，她和老公做了很多努力，比如带孩子出去旅行散心，孩子才好了很多。她说，孩子最近又开始焦虑，他们也不知道为什么，没什么好办法，只好求助心理咨询师。

我想观察一下他们母子的交流方式，可是小海不愿意。他说心烦，不想和妈妈多说这方面的事，他宁愿在外边等着。

妈妈很担心小海的状况，却表示无能为力。她说，她公司的事情太多，她走不开，小海妹妹也需要她，因此她没有办法出去陪小海。她想让小海再去试一下，他如果还是不适应的话，那就回来上国际学校读高中。

对于小海的困难，妈妈并不太能理解。她说："他初中读了个一般的学校，不满意，闹着要出国读高中。不过孩子倒也努力，我们真没在他身上费什么心。他出去后，我们在钱方面放得挺宽的，没想到他出国后会出这种事！我看别人家的孩子都适应得挺好的，这孩子怎么这样呢？我真想不明白！现在他这个样子，我们也不敢说他。"

这时候家长也很无助，不知道该怎么办。

小海妈妈也有很多情绪，她沉浸其中，那是充满矛盾的情绪，有心疼，有无奈，有不解，甚至还有愤怒。

难怪小海不想在家里说话，没有人真正理解他内心的脆弱。

用心去听孩子说话

小海妈妈急着问我怎么办。我告诉她，也许她只需要认认真真地做一件事。可是，这件事对于她来说并没有那么容易。

“只要对孩子有帮助，再困难我也要试一试”，家长对孩子的爱总会以这样的方式表现出来。

小海妈妈说：“我不怕困难，只要对孩子有帮助，再困难我也要试一试。”

我请她找个安静的适合谈话的空间，好好听小海说说话。

小海妈妈很疑惑：“听小海说话？”

“对！用心去听孩子说话，听他讲在国外的经历，尤其是那些让他不开心的事。用心去听，去体会，不要评判，更不要指责，只要听就可以。”

“只要听就可以？”她重复了一下。

“对，只要听就可以。如果觉得困难，担心控制不住自己的评判性语言，你可以试着不说话，只点头表示听到了就好。”我说。

“好吧。”小海妈妈有些迟疑，“这个任务好像并不那么好完成，不过我倒是可以努力。可是，孩子会和我说吗？他不太爱和我说话，总嫌我烦。”

“努力试试吧，只要你真诚地邀请他，他会愿意的，毕竟你是他的妈妈。”我笑着说，“不要忘了真诚地表达哦，表达你对他的担心和心疼。”

“好，那就试试看吧。”小海妈妈说道。

孩子没有从家人身上学会与人相处

几天后，他们母子两人又来到咨询室。这一次，小海没有拒绝和妈妈一起咨询。

小海妈妈迫不及待地说：“老师，我终于明白您说的了。”

小海妈妈是个雷厉风行的人，上次咨询后的第二天，她没有去上班，特意和小海长谈了一次。她说她一直在提醒自己：真诚、用心、不评判、认真听。小海一点一点给妈妈讲，最后两个人哭得抱成一团。

小海妈妈说："那真是一次神奇的体验。我从来不知道可以和儿子这样交流。这两天我想了很多，我和他爸爸的交流方式是，从不听对方说什么，就开始发表意见，然后就开始争执。"

"这样的家庭氛围会不会影响孩子呢？"我说道。

"一定会的，我觉得孩子没有从父母这里学到怎么和人好好相处。"小海妈妈懊恼地说。

父母是孩子的第一任老师，孩子的很多技能都是从家庭中学来的。

我用探询的目光看看小海。

"就是，我有时不爱说话，就是害怕和人发生冲突。要是吵架，我可不在行，所以还不如少说话或者不说话。"小海说。

"是啊，小海脾气和我们不一样。他喜欢安静，上初中时学习很好，而且总喜欢自己在房间里捣鼓些小玩意儿，不像别的孩子似的成天在外边玩。大家都觉得他挺好。"小海妈妈继续说，"这次和孩子谈完后，不，其实是认真听完孩子的话后，我才真的意识到，寄宿家庭的事给孩子带来了很大的痛苦。"

相比那些一直对孩子管得很严的家长，小海的父母走了另一个极端——撒手不管。小海还没有长大，还需要很多来自家庭的支持。

"寄宿家庭爸爸的做法本来也没有错，在他们的文化中是很正常的。只不过过于热情的邀请在孩子这里变成了一种'强迫参与'，导致了很强的压迫感。"我说道。

"是的，是的！"这次，妈妈和小海一起点头表示同意。

让孩子不再觉得孤立无援

“和孩子有这样的交流后，我的感触特别深。我和他爸爸沟通了这事，破天荒地，我俩没有吵。这可能和我的克制有关。”说到这里，小海妈妈咧了下嘴，“爸爸也觉得很神奇，我不吵了，他也觉得没必要吵了，我们就一起好好商量。我要照顾妹妹，走不开，我们想让爸爸再去陪孩子一段时间。”

我看了一眼小海。他一直安静地听着，眉眼里有忍不住的笑意。

我告诉他们，他们所体验到的是倾听的魅力。

妈妈能够倾听孩子时，才能真正理解孩子，让孩子不再觉得孤立无援。对于小海，他性格安静，是个天生的好的倾听者。他需要学习人际交往技能，学习如何表达。

小海说，和我一起工作让他觉得很放松、很舒服，他非常希望在我的帮助下好好调整自己。

小海如期回到国外的学校。随后我们通过电子邮件的方式进行咨询，咨询重点是解决他人际交往中的困难。

咨询可以有多种形式，不过当面咨询效果最佳。如果基于种种原因要用其他方式，至少要当面咨询一次，这对建立互信的咨访关系有很大帮助。

随着时间的推移，小海在邮件中提到的困扰越来越少，他告诉我，他老爸很有本事，不知怎么就凭借蹩脚的英语和寄宿爸爸玩到了一块儿。有了老爸这个缓冲，慢慢地，小海发现寄宿爸爸其实也没那么可怕。他这么想时，甚至觉得这个爸爸有些可爱，原来那些让他觉得是负担的问题已经变得不那么重要了。

让他更开心的是，在和我的咨询中他学到了很多关于表达的小技巧，现在他好像不那么怕表达了，在学校还结交了两个有相同爱好的外国朋友。

我似乎看到这个孩子那忍不住的青春的笑。

写给家长的话

独自出国求学的小留学生，面临的所有困难都需要自己应对。于他们而言，既要适应新的人生阶段，又要适应文化环境完全不同的异国生活，难度可想而知。父母除了要给予经济支持，还要在心理层面支持他们。帮助他们应对改变，融入新环境，是个重要议题。

作为父母，当孩子遇到困难时，首先要做的是用心去听，真诚、认真地听，用心去体会，不评判，更不指责。这也是父母给予孩子的最重要的爱和支持。

回应小测试：倾听练习

倾听和被倾听是我们所有人每天都需要的重要的心理营养。遗憾的是，很多人在生活中缺少这些养分。

倾听并不只是用耳朵听，更是用“心”听。

试试看，当孩子跟你说一件事情时，你可以认真倾听，避免说教或者主导这次谈话。当然，你要有回应，可以用“嗯”“我明白了”之类的话回应，更重要的是要用非言语行为（点头、眼神、面部表情等）回应。非言语行为的运用，即便一个字不说，也能表达出很多。孩子读得懂。

神奇的事也许会出现：当你少说时，孩子会有很多话说。那时，你会更明白孩子的内心世界。

第3章

停止冲突

——学会和孩子沟通

故意和家长对着干的男孩

——多看看孩子的改变，而不是盯着“问题”不放

小测试

每个家庭都有一些显性或者隐性的规则，来规范家庭成员的言行举止，比如一定要好好学习、必须把每件事都做好等。

这些规条通常包含一些“一定要”“绝不”之类的词汇。

家庭生活里的点滴、父母的一言一行、对孩子的态度等，也可以说是家庭规条。

静下心来想想，你家都有哪些家庭规条？尝试写下来。写的时候留意自己的情绪感受。

小亮和妈妈进门的时候，两个人还在争执。小亮说：“我好端端的，你非要我来做咨询，我真没什么可说的！”

小亮十六七岁的样子，穿着缀有铆钉的上衣，破洞牛仔裤。见到我后抢先说：“老师，我没灾没病的，我妈非要让我来咨询。我没事，是不是可以回去了？”

小亮妈妈拍了他一下，嗔怪道：“在老师面前说话礼貌点儿，瞎嚷嚷什么？来了就要听老师的。”

我笑着说：“既然来了，那咱们先谈谈看，不是有心理疾病的人才来我这里，我们接待的都是遇到心理困扰的人。”

一般而言，我们接待的都是遇到心理困扰的人。我们通常会对来访者进行评估，如果来访者不适合心理咨询，就会建议来访者去医院就诊。有精神类疾病的来访者，病情稳定，正在服药，遵医嘱需心理咨询时，才能进行心理咨询。

“把你那破吉他给放放”

小亮没再说话，选了个单人沙发坐了下来。

我对小亮说：“我刚才听你们说话，似乎妈妈有一些困扰，而这些困扰好像和你有关呀。”

妈妈说道：“老师，您说得太对了！我的困扰可不就是因他而起嘛！他天天不好好学习，眼看着就要会考了，我都担心死了。他要是连会考都过不了，可怎么办呀！”

小亮笑嘻嘻地说：“妈，你烦不烦呀，天天就这点儿事。我跟你说八百回了，你别担心我，我会考准过。”

家长的担心与孩子的满不在乎形成强烈反差，是孩子盲目自信还是家长不了解孩子？

“就你现在这样子，你拿什么过？我跟你说，你老师以前老请家长去学校，我去一回被说一回，真丢人。现在倒好，人家老师都放弃你了，连家长都不请了！”

许多家长让心理咨询师劝孩子听话，这是一个误区。心理咨询师并不是家长的说客。

“不请不更好吗？省得您嫌丢人。”小亮笑着说。

小亮妈妈转向我，说道：“老师，您看到了吧。他就这二皮脸，我真管不了他。我想让您劝劝这孩子。”

小亮说：“妈，我当着老师的面再给您说一遍，会考我肯定能过。大学嘛，我也尽量给你考一个！”

妈妈的用词显然是孩子不愿意听的。家长与孩子起争执时，尽量不要用贬义的词语来形容孩子心爱的物品或他的朋友。

“小祖宗！你可别说给我考，你考大学是为你自个儿！”小亮妈妈愤愤地说，“行啊，你要真有志气，把你那破吉他给放放，别跟乐队那些孩子天天混一块儿了，你就专心学习！”

小亮一听，急了：“妈，你怎么一点儿面子不给啊！学习是学习，乐队是乐队！”

母子俩这几个来回下来，我算是听明白了。

我对小亮说：“我刚才听你妈妈说到吉他、乐队的事，你愿意跟我讲讲吗？”

小亮看了妈妈一眼，然后看着我说：“老师，我能单独跟您讲吗？我妈在这儿，我一说她又该急了，又该重演我们家的‘戏’了。”

看着母子俩的互动，我猜这个家庭已经上演过无数次这样的情景了。

妈妈接过话：“赶紧的！快让老师听听，让老师看看你这学上得多潇洒！再让老师好好劝劝你！”

“我就是故意和妈妈对着干”

小亮总是先发制人，妈妈一离开，他就说：“老师，您甭劝我，我心里都明白。”

“我可没跟你妈妈说要劝你，我只说咱俩谈谈。”我说。

小亮摸摸头，不好意思地说："我天天听他们教导，耳朵都快起茧子了。我怕您再给我来一遍。"

我告诉小亮，心理咨询师不会一上来就"教导"。

我从小亮的讲述中得知，小亮爱好音乐，课余时间和几个朋友组了个乐队。小亮妈妈坚决反对，理由是会耽误学习。当然，小亮的成绩的确不是太好。

小亮告诉我："老师，我以前是不爱学习，可是我知道我脑子不笨，再加上我学的是文科，我觉得我可以在剩下的几个月把功课补起来。可我妈就是不信，还不让我和乐队的小伙伴来往。我们吵过多少回了，我现在改变策略，不跟她发生正面冲突。我觉得我做得还行吧，我现在真开始学习了，可她不信啊！这不，硬把我拽来了。"

我看着小亮，重复了一下他刚才的话："你已经开始好好学习了，可是你妈妈不信。"

"对啊，她根本不信！压根儿就不相信我。"小亮说。

"你妈妈看到你在学习，也不信，是这样吗？"我问道。

"其实，我妈在家很少看到我学习。"小亮说。

"哦？那是什么情况？"我说。

"我觉得我在学校好好学习就行了，在家我想好好休息，因为在学校学一天很累。我原来在家不学，在学校也不学，现在我在学校真的开始好好学了。"小亮说。

"那你妈确实看不见。"我笑着说。

小亮也笑了，有点儿不好意思地说："我是有点儿和我妈对着干的意思。唉，我妈天天唠叨我、讽刺我，不然就是发火，老拿乐队说事。我是真受不了她。"

只有"看到"自己行为背后的真实想法——和妈妈对着干，反抗妈妈的同时，小亮才能认识到自己身上的问题，他对妈妈的理解也从这一刻开始。这是孩子做出改变的第一步。

做些和以前不一样的事

温和、友善永远强过严厉、粗暴。我们来看这样一则故事：太阳和风比谁更有力量。风越用力，路人把外套裹得越紧。太阳温暖地照着路人，渐渐地，路人出了汗，把外套脱了下来。对待孩子也是一样。温和就是一种力量，一种态度。

我问小亮："小亮，你有好好学习的意愿，我相信你也在做了。我在想，你有没有办法让你和妈妈之间的关系变得融洽些，让她相信你呢？"

"老师，我觉得这都不是事儿。您看啊，您这么和我说话，我就愿意听，也愿意承认自己的问题。我妈要是能跟您似的这么说话，我也不拧着来了，我也能在家学习。"小亮说。

"这是你对妈妈的期望，那你自己呢，你会做些什么和以前不一样的事？"我继续问。

"做些和以前不一样的事"充满积极暗示，指向未来要发生的改变。

"那我就主动在家学习、背书呗。我现在有时也会在家学习一会儿，但是她总不满意，一方面觉得我这样远远不够，另一方面总扯上我乐队。我是真不爱听。"小亮一遍遍强调不爱听妈妈反对乐队的事。

父母的态度不一致

我请小亮妈妈谈谈她对小亮的整体看法。

家长认为孩子要以学习为主。这个观点本身并没有问题，毕竟孩子要经历很重要的文化考试。不过家长还是尽量不要剥夺孩子的爱好，如果觉得孩子某个时间段不适合在爱好上投入太多精力，可以和孩子协商。

小亮妈妈说："其实除了不好好学习，他其他方面都还挺好的，在学校人缘也好，有很多朋友。实话说，他那乐队在学校演出时，我看挺不错的。可是他不能把心思全放这上面。"

小亮妈妈当年因为家庭经济困难，高中毕业后就工作了，后来参加成人自考，拿到了本科文凭。她说："我工作后参加了成人考试，知道其中的辛苦。我想让孩子现在好好学习，正常高中毕业，考个好大学。所以，他玩乐队，我真觉得太不务正业了！”

“真是可怜天下父母心！”我说，“孩子爸爸是什么态度？”

“他不管，觉得儿子这样挺好。我老公特别想得开，他觉得即便儿子考不上大学也不要紧，他喜欢玩乐队就让他玩去吧，只要他健康快乐就好。幸亏他在外地工作，不然我俩总得为这事吵。”小亮妈妈说。

夫妻没有一起来，我通常会询问另一方的态度。

家谱图讲述的故事

家谱图

家谱图是心理咨询中经常用到的工具，通过家谱图可以看到一些家族传承的模式、规则等，能帮助个体理解自己何以成为现在的自己。

我请小亮妈妈画了个家谱图，并让她思考她的原生家庭的规条、父母的教养方式等。

画好后，小亮妈妈给我讲她的原生家庭。小亮妈妈家里有三个孩子，她是老三，有哥哥和姐姐。父亲最宠她，不仅因为她是家里最小的孩子，还因为她从小学习好。

小亮妈妈说，当年自己知道家里经济状况不好，坚持不考大学，母亲和她说父亲为此后悔了很久。所幸她后来通过成人考试拿到了本科文凭，做了弥补。

“在我们家，学习是最重要的。”小亮妈妈说，“我对小亮的要求，可能带有我的原生家庭的痕迹。谁都希望孩子学习好，有出息。这是我们家的一个理念，我默默把这个理念继承下来了。”

家庭的传承就是这样，发生在不经意间。

“小亮这几年成绩不好，我一直觉得抬不起头来。临近会考，我越来越着急。您刚才问我怎么看他，我才发现我着急起来，就忽略了孩子的好多优点。”

我赞许地点点头。

小亮妈妈有些激动，说："当局者迷，这么明显的事我从没认真想过！我太在意学习成绩，对小亮没有耐心。别看他嬉皮笑脸的，他心里也烦，这我都知道。"

孩子的变化你注意到了吗

我不失时机地补了一句："实际上，小亮最近已经有了些变化，你注意到了吗？"

人们对信息的接收，很多时候是有选择的，尤其是在某些动机比较强的时候。人们更愿意接收那些能够满足自己需要的信息。

小亮妈妈顿了一下，说："他好像在学校会学习。上周他的同学到我家玩，这么说了一句，我没放在心上，我不信他。他最近有时在家也会学一会儿，只是达不到我的期望。其实，我应该相信孩子的。"

"沟通时也要注意，最好多些平等的交流，要尊重孩子的兴趣爱好。"我提醒道。

我们三个人又坐在了一起。这次，小亮妈妈主动检讨，表示以后再也不唠叨乐队的事，发现小亮的进步会及时肯定，最重要的是会信任儿子。小亮很感动，他表示若妈妈能够真正尊重他，他会往前走一步，在家里抓紧时间学习，争取通过会考，不让妈妈担心。

我送母子两人出门，看到妈妈挽着儿子的胳膊，已不似来时的"推推搡搡"。

写给家长的话

当孩子的学业与兴趣发生冲突，家长如何帮助孩子进行平衡？家长又该如何平衡自己的内心？这几乎是每个家庭都要面对的议题，也是十分常见的导致冲突的原因。

2000 多年前，孔子就提出“因材施教”，但在生活中很多人依然遵循“万般皆下品，唯有读书高”的理念，将读书视为唯一的学习方式。

是什么让我们一直保持这样的认识？又是什么让我们将这样的观念传承下来的？答案不言自明。案例中，小亮妈妈执着于儿子的学习成绩，其行为背后的心理动因又是什么？这和她的原生家庭有莫大的关系。只有跳出“圈”外，她才能看到自己的家族规条。由此，思维中的条条框框被打破，改变得以发生。自省，反思，平等地和孩子交流，互相尊重……冲突的解决原本并不难。

回应小测试：转化家庭规条

不是所有的家庭规条都是令人舒服的，家庭规条是可以转化的。换个角度看家庭规条，可以帮助我们得到更大的释放和自由。

家庭规条转化举例：

规条一：没有人可以帮助你，除了你自己。

转化后：求助是一种能力，要学会利用身边的资源。

规条二：凡事一定要争第一。

转化后：没有人能够做到事事领先。做任何事情，尽最大努力即可，不必事事追求完美。

看看开篇小测试中你写下来的家庭规条，哪些规条让你觉得不舒服或者让你的家人觉得不舒服，思考一下有没有转化的可能。将转化后的规条写下来，并试着去实践。

我要去墓地和爷爷告别

——用“特别时光”抚慰孩子“受伤的心”

小测试

你家里有亲子特别时光吗？在这样的特别时光里，没有说教，没有指责，父母会像孩子的同龄朋友一样和孩子交流。

如果有，你家的亲子特别时光是什么样的情形呢？请记录下来。如果没有，也请记录下原因。

还有几个月，小米就要高考了。最近她特别焦虑，每天都睡不好，脾气十分暴躁。她主动要求做心理咨询，妈妈陪她一起来了。

高考是人生大事，孩子有考前焦虑很正常，但内在原因可能不一样，找到症结才好应对。

“我妈最近才开始学着当妈”

坐下后，小米直接对妈妈说：“你先出去吧，我想和老师单独谈。”

“好的好的，小米，和老师好好谈，记着喝水啊。”妈妈忙不迭应着，走出房间。

小米高三了，还被妈妈提醒“记着喝水”，这是个需要关注的细节。

“当妈妈的，孩子无论多大都觉得很小呢。”我笑着说。

小米轻轻“哼”了一声，说：“我说我妈最近才开始学着当妈，您信吗？”

“信，”我点点头，“我见过各种各样的父母。父母也需要学习怎么做父母，有的学得早，有的学得晚。”

“好吧，看来我父母学得太晚了。”小米说。

我的直觉告诉我，小米的焦虑也许和父母有关。

“我想去看爷爷”

小米低头沉思了一会儿，突然说：“老师，您给我解解梦吧。”

“好，说来听听，我们一起讨论讨论你的梦。心理学上的释梦，与大家常说的‘周公解梦’之类不一样。梦到什么，并不直接意味着什么。”

经常梦到某一个人，通常提示这个人与做梦者有重要关联。

“嗯，我知道了。”小米说，“最近我经常做噩梦，总是梦到爷爷。比如，昨天晚上，我梦到我在一个屋子里，周围什么都没有，突然就什么都看不见了。我蹲在墙角，怕得要命。后来，灯亮了，房间里多了一张床，床上有个人慢慢坐起来。他是我爷爷，可好像又不是我熟悉的爷爷。他冲我笑，我想过去，但很害怕，一急就醒了，醒来后再也睡不着了。类似这样的梦，我最近天天都做，有时候梦见爷爷突然飘走了，有时候梦见他浑身是血，总之每次都很害怕地醒过来。”

“哦，难怪你睡不好了。小米，爷爷现在的情况是？”我小心地问。

“爷爷去世一年多了，”小米的眼泪流了下来，“最近不知道为什么，我特别特别想他，特别特别想。我想去看爷爷，可是我不知道爷爷的墓地在哪儿。”

我说：“你不熟悉路况的话可能真的找不到墓地。”

“爷爷去世这件事也是我后来才知道的”，这类话我经常听到。说话的人通常充满了愤怒。

“我只知道爷爷的墓地在哪个区，具体在哪个陵园我不知道。”小米哽咽着说，“他们从来都没有带我去过，爷爷去世这件事也是我后来才知道的！”

小米说的“他们”显然是指父母。

“我听到了你的怨气”

我说：“小米，我听到了你的怨气。”

“怨气。是，我有太多的怨气！还有自责！”小米神色复杂地说，“我从小在爷爷奶奶家长大。三岁以前我对我爸没什么印象。那时我爸在国外工作，我只能对着他的照片叫爸爸。我妈天天忙工作，根本顾不上管我。其实，我觉得他们根本不爱我，我在这个家是多余的。人家那些小朋友每天都和爸爸妈妈玩，我从来没有过！我妈有忙不完的工作，我要和她玩，她总是把我支到爷爷奶奶那边。我爸回国后也是忙，对我来说，他比陌生人好不到哪儿去。我奶奶身体不好，总是无精打采地躺着，也不喜欢小孩子。所以，从小到大，我干什么都是爷爷陪着。我和爷爷太亲了，可是他生病走了，我都不知道！”

可见，爷爷才是小米事实上的养育者、陪伴者，小米对爷爷有着深深的依恋。

小米继续说道：“爷爷生病住院后，奶奶去姑姑家住了，我经常一个人住在爷爷家。我父母有时过去给我送吃的。我不想和他们住一块儿。那时我正在准备一个全国大赛，完全不知道家里发生了这么大的事！

“我知道后，像疯了一样地哭。他们都拿我没办法，说可以带我去墓地看爷爷，可是我又不敢去。我怕爷爷不原谅我。再后来，他们就没再提。我脾气犟，他们不提，我也不问。我就拼命学习，想着考上大学后再去看爷爷。后来，他们每次去墓地扫墓，我都不知道。到现在我都不知道爷爷的墓地在哪儿！”

“怕爷爷不原谅我”，这是小米的心结。

小米终于开始号啕大哭，边哭边喃喃地说：“我最近好想爷爷。现在，我每天晚上都睡不好，白天没精神，这影响到了学习。我还控制不住自己的情绪，总发火。我也不想这样啊！”

“你愿意和妈妈改善关系吗”

我等小米慢慢平静下来，问她：“你想一想，如果爷爷看到你现在的样子，他会怎么样？”

“他一定很难过，”小米不假思索地说，接着又补了一

“如果离世的亲人看到你现在的样子，他会怎么样呢？”我们常在处理哀伤时用到这样的句子，以此来提示当事人，离世的亲人希望他过得好。

句，“也许，他看我这么想他，也很欣慰吧。”

“是的，他如果看到你这么想他，一定会非常开心。你愿不愿意去看看他，和他说说话？”我问道。

“愿意！”小米使劲点头。

“我明白了。我想去看爷爷，可是——”小米迟疑了一下，“我不想问父母爷爷的墓地在哪儿，我恨他们。这么重要的事，他们都不告诉我！老师，我这么跟您说吧，最近我妈不知道怎么了，突然转了性情，天天讨好我。我刚开始特别不习惯，现在慢慢好一点儿了。她很烦人，整天想着让我上名校。刚才跟您说的这些，我不想和她说。”

小米的哀伤，在心理学上叫作未完成事件。爷爷走的时候，小米没有机会和爷爷告别。对于她而言，这件事并没有随着爷爷的离去而结束，反而沉甸甸地压在她心里。那些梦境，是小米心境的反映。当然，这些梦最近之所以频繁出现，可能正如她所说，是因为她最近特别想爷爷。

“小米，我有个问题，你愿意和妈妈改善关系吗？你想一想，不用急着回答我。”我说道。

小米低头想了一会儿，像是下定了决心，猛地抬头说：“对我爸，我是不抱什么希望了，反正他总不在家。我其实特别羡慕我的同学，他们都有那么好的爸妈。我也想和妈妈好好相处，但我还不能完全原谅她。”

小米的爷爷去世了，她需要新的情感依托。最可行的处理方法就是改善与父母的关系。

“你刚才说妈妈对你好，你现在已经习惯一点儿了。在我看来，你们之间的坚冰好像已经开始融化，是这样吗？”我问小米。

这是抓住生活中的“小改变”，引导当事人向“大改变”前行。

小米点了点头：“好像是。”

“我们试着和妈妈好好谈谈，看看怎样才能让你们之间的关系往前走一走，可以吗？”我说。

只要愿意尝试，就可能发生改变。

“老师，我，我不太习惯。”小米迟疑道。

“我们试一下，如果觉得特别不舒服的话，你可以告诉我。或者你全程都可以不说话。”我说。

小米同意了。

“谢谢你给妈妈这样的机会”

小米妈妈得知要和小米一起谈，很惊喜，连连说：“谢谢老师，谢谢您给我们提供这样的机会。我很想和小米好好谈谈，但是她不愿意。”

“你可以直接感谢小米。她同意，我们才能有这样的机会。”我说。

我创造机会让妈妈直接向小米表达，目的是让她们在咨询室练习当面表达。

小米妈妈红着眼圈，对小米说：“孩子，谢谢你给妈妈这样的机会。”

小米低着头，没有动。我说：“小米最近的状态和她想爷爷有关，关于这方面以及你们的关系，你可能有些话想和小米说。”

小米妈妈对我说：“小米爷爷的事，我很后悔。那个时候，我们没想那么多，只想着不要耽误孩子比赛。而且爷爷病了那么久，我们以为她心里应该能接受，没想到孩子在这件事上就是过不去。”

我提醒：“你试着对小米说。”

直接表达自己的情感，是很多人不习惯的，然而却是相当重要的。

她转向小米，刚开始有点儿不习惯，说两句就看我一眼。

她说：“小米，妈妈对不起你。爸爸妈妈没站在你的角度考虑。我们也不知道怎么补救。妈妈年轻时事业心强，还没有做好准备就怀孕了。你出生时你爸爸不在国内，我一个人带不过来，所以就把你交给爷爷奶奶了。那时处于事业上升期的我只顾着自己的事业，没怎么管你。你学习又好，我们觉得很省心，一直也没好好陪你。

“我和你爸爸以前从来没站在你的角度想。现在，妈妈换了岗位，压力没有以前大了，想好好陪陪你。可是在你这儿一碰钉子，我就慌了，不知道该怎么办。这些话我早就想和你说，一直没有机会。我们怎么做，你才能原谅爸爸妈妈？”

这虽然是气话，但这表示小米已经开始原谅妈妈。

小米听到这里，喃喃地说：“说不出来，你不会写吗？我从小就记得你天天写写写。”

小米妈妈听到这句话，眼泪哗一下流出来。

小米也“哇”的一声哭出来，她边哭边说：“要不是老能看见你们，我都觉得我是个没爹没妈的孩子。”

母女俩等这一刻可能等很久了。

小米哭得上气不接下气，我示意妈妈过去抱抱孩子。妈妈过去时，小米挣扎了一下。两个人哭作一团。小米发泄完了，很自然地把头靠在妈妈身上。

小米妈妈问：“小米，你愿意原谅妈妈吗？”

小米没有说话。

“妈妈可以再给小米一点儿时间，毕竟这是困扰了孩子很多年的问题。”我说。“那么，你愿意让妈妈带你去爷爷墓地吗？”我问小米。

对于小米来说，没有与爷爷告别，是她的“未完成事件”，她需要认真地完成这个告别。

小米有点儿不好意思地点点头。

我说：“妈妈可以给小米一点儿空间，让她和爷爷好好说说话。”

妈妈连忙说：“没问题，没问题。”

学着改变的妈妈

第二次咨询，小米没有来。小米妈妈说，小米在爷爷墓地大哭了一场，回家后平静了很多。她让妈妈向我转达，她不再做噩梦了，暂时不来了，要安心备考。

小米妈妈强烈希望学习怎样和这么大的孩子相处，因为她发现自己不太会用力。

后边的咨询变成了妈妈的咨询。爸爸一直没有来。不过，我想，有妈妈的爱，小米比以前幸福很多。一切都要慢慢来。

第一次咨询时提醒小米喝水，是妈妈不太会用力的一个表现。她的确还需要学习怎么和小米相处，怎么给小米恰当的爱。

写给家长的话

孩子从小不是由父母抚养长大，与父母的关系自然会疏离。

小米虽然从小没有足够的来自父母的爱，但有爷爷无微不至的爱与陪伴，这对小米来说也算一种补偿，让她并不是完全缺爱。

通常而言，问题的呈现其实预示着解决问题的契机出现了。由于在爷爷去世时没有和爷爷告别，小米压抑的情绪没有得到宣泄，她出现了各种问题，开始焦虑。由此引出亲子关系的问题，是偶然也是必然。

不过，幸运的是，小米妈妈意识到了问题，已经开始主动改变。两代人的冷漠关系开始破冰，正在往好的方向发展。

回应小测试：共度特别时光

随着孩子的长大，父母与孩子在一起的时间会越来越少。尤其当孩子进入青春期，他可能更希望与小伙伴待在一起，而不是与父母在一起。

所谓的“特别时光”，意味着要在特殊的时间做一点儿特殊的事。换言之，也就是特别的亲子时光。可以是每天 10 分钟，也可以是每周 1 小时，重要的是坚持，将这样的陪伴变成一种习惯。

有些家长可能因为种种原因不能长期陪伴在孩子身边，那也没关系。通过网络视频同样可以和孩子共度特别时光。要记得，这段时光和说教、指责无关。

你也许可以和孩子：

- 每周一起打一次羽毛球；
- 一起做饭；
- 一起计划一项活动；
- 各自讲述过去一周的见闻。

尽情发挥你和孩子的聪明才智，让亲子之间的特别时光更精彩。坚持一段时间，看看你的亲子关系有没有改变。

被父母的选择困住的男孩

——亲子矛盾的解决之道都在沟通里

小测试

这个测试对大多数家庭都是一个挑战。

当家庭中的某一方感觉自己得不到其他成员理解时，可以邀请大家一起进行角色扮演游戏。表演中不用在意演技，只要能够代入角色，体会所扮演角色在剧本提供的情境下的感受、行为表现即可。

如果你的家人愿意一试，请记录每个人扮演不同角色时的感受和行为表现。

李女士神色憔悴，黑眼圈十分明显。她同样也是因为孩子的问题来到咨询室的。

她告诉我，最近被读高二的儿子小普折磨得天天晚上失眠。孩子不但不好好学习，还三天两头不想去学校，在家也不和她说话，有事就留纸条。她已经心力交瘁、无计可施了。

李女士前两年和爱人一起作为高级技术人才被引进到北京，孩子初中毕业后，也来到北京读高中。

和孩子交流都是留纸条

在工作和孩子之间做选择，对于职业女性来说非常困难。

李女士说，自己现在最后悔的事就是之前一心扑在工作上，把孩子扔给爷爷奶奶。现在，孩子和父母不亲近，到北京后一不顺心就嚷嚷着要回老家找爷爷奶奶，而且心里有什么事都不肯跟父母说。

孩子通常是弱势的，在父母面前很难做到坚持自己。

小普原先在老家学习很好，到北京读书后，因为种种原因，他的成绩开始大幅下滑。小普父母都是学理科的，他们希望小普也能学理科，认为这样将来出路比较好。小普虽然不愿意，但还是在父母的坚持下选择了理科。这之后，小普开始变得十分暴躁，出现了前面李女士诉说的那些情况。

经过沟通，我得知李女士因为后悔以前没有太管儿子，现在事无巨细，不管什么都希望给孩子最好的。但小普似乎并不领情，两人冲突不断。小普和父亲反倒亲近些，不过父亲经常出差，父子俩平时并没有太多交流。

李女士希望改善亲子关系，可是又无从下手。我提议她邀请儿子一起来咨询。

李女士面露难色："老师，这个有难度，他现在都不和我说话。我俩交流都是留纸条。我真不知道能不能把他带来。"

"他对爸爸也是这个态度吗？"我问道。

"爸爸总不在家，不过这几天可能会回来。我让他劝劝儿子吧，也许他说话管用。"李女士说。

我通过谈话获取相关信息，帮李女士找资源，看看谁可以帮助她做这件事。

"嗯，爸爸目前是咱们可用的资源，他会在你和孩子的关系改善过程中起到重要作用。"我说。

"是啊，孩子尤其和我关系不好，我都冤死了。以前我做得不好，没有多陪孩子。现在我可是恨不得把心都掏出来给他，可人家不念我的好，什么事都不管的爸爸倒成了好人。不过，他现在也没什么办法调和我和儿子之间的关系，有时还避开了呢。"李女士无奈地说道。

这家的父子关系，很像是"距离产生美"的标准样本。其实，对于亲子关系而言，质量比距离更重要。

"你这么痛苦，我猜想孩子也不会愉快到哪里去。孩子不会无缘无故成为这个样子，也许是遇到了一些自己无法解决的困难。可以请爸爸和孩子谈，向孩子表达你们看到了他的痛苦，想帮助他，又不知怎么办，问他愿不愿和家长一起应对困难。"我说。

很多时候，孩子会本能地排斥心理咨询，我经常提示父母怎么做才能把孩子带来。

"这样的人生有什么意义"

一周以后，小普来了，小普爸爸也来了。看到他们全家一起来解决问题，我很替他们高兴。

小普爸爸看起来比较温和，他对小普说："你先去和老师谈谈吧，有什么话不想和爸妈说，可以和老师说说。老师会保密的，你放心。"

小普犹豫了一下，跟我进了咨询室。

家庭中的问题，通常不是某一个人的问题，而是整个家庭的问题。全家人能够共同面对，才意味着问题有解决的可能。

我又强调了一遍保密规则。小普心不在焉地应了一声，扫视了一圈咨询室，最后将目光停留在墙上挂的画上——梵高的《星空》。

小普说："老师，这是谁画的？"

我说："一个孩子画的，他送给了我。你也喜欢画画吗？"

"不不不，我画不了，不过我喜欢看，瞎看。"小普说。

"哈，有鉴赏能力也不错呀。那你平时喜欢什么？"我顺势问。

"我比较喜欢看书。"小普说。

成人向孩子示弱，其实并不丢人，反倒让人觉得更真实。

并没有直奔咨询主题，我和小普随意聊了起来。他喜欢看文史哲类书籍，尤其喜欢哲学。谈到喜欢的话题，小普眼神明显亮了起来。他问我喜不喜欢黑格尔，然后津津有味地给我讲他的思考。我坦白告诉他，我对黑格尔的研究并没有那么多，只是多少知道一点儿，我愿意和他谈谈，前提是他不"嫌弃"我。

"没事没事，"他摆摆手说，"能和您聊聊就挺好的，现在都没人和我聊这些。"

我和小普聊了一会儿，看他放松下来，才见缝插针地问了一句："你知识这么渊博，将来上大学想学什么专业？"

小普突然蔫了："我想学哲学，可是这个可能只是我的梦想。"

"梦想可以通过努力实现。"我说。

"我连争取的机会都没有，我爸妈让我学理科。"小普加重了语气。

"哦，这样啊。我没有具体了解过我国高校哲学专业的招生情况，不过我知道上大学时若没有考到喜欢的专业，入学后可以转专业，而且可以修双学位。”我说道。

“还能转专业啊，这我还真不知道。不过，我可能考不上大学。”小普沮丧地说。

“你为什么这样想呢？愿意和我说说吗？”我问。

小普老气横秋地叹了口气，说：“我爸妈非要让我学理科，说什么将来有保障，可是我学不会啊！生物还凑合，物理、化学我是真不行，真学不会。我爸妈不信，他们每天只是鼓励我好好学，说好好学一定能学会。可我好好学也学不会！”

“哦，原来是这样，难怪我感觉你说这些时带着苦涩。”我说。

“是啊，我常常想，这样的人生有什么意义呢？我连我想要的东西都不能追求，活着还不如死了！可是我又不甘心，我的人生还没有真正开始，死了太可惜。所以我每天就默默地看书，不怎么和同学交往。”说这些话时，小普快要哭出来了。

“这样的人生有什么意义呢”，这样的发问令人深思。年轻人经常会思考人生的意义，经常会得出一些类似“人生没有意义”的结论，这时及时的引导十分重要而且非常必要。

他接着说道：“我妈这人太唠叨，我心烦时，不想听她说话，和她说话时也总控制不住自己，干脆就不说了。以前我还愿意和我爸聊聊，他也喜欢历史。可是现在他一直劝我，说我可以像他那样学理科，其他的可以当成爱好。他就不明白，我没他那么聪明，他觉得简单的东西我学起来太难了！”

“听上去你好像没有得到理解。”我说。

“是！我从小跟爷爷奶奶长大，学习上没让父母操过心，他们不但不理解我，而且还不了解我。我其实一直都是文科比较好。我学习挺自觉的，可是对物理、化学一点儿兴趣都没有，不想学更学不会了。”

把想法真实地表达出来

小普想学文科，父母想让他学理科，矛盾由此产生。看起来并不复杂的问题，却成了横亘在这家人面前的巨大困难。

我说：“刚才和我说的这些话，你跟父母说过吗？”

“没有全说，每次我一想说，他们就开始劝。我就想，要不就再坚持坚持。可是坚持太辛苦了！我心里不爽，不想和他们说这些。”小普说道。

不习惯用语言表达，更多用行动表达，这是很多人习惯的行为方式。然而，每个人对行动的解读都不一样，所以语言表达实在是非常必要的。

“我倒是觉得，把想法真实地表达出来也许会帮助你解决当下的困难。你虽然没有用语言表达，但是用行为进行了表达，比如发脾气、不说话等。对这些行为，每个人的解读都不一样，你爸妈因此不一定能猜到你的想法，你说是不是？”我对小普说。

“表达出来就能解决？”小普疑惑地问。

“试试看！我一直坚信，解决一个问题的方法不少于三种，事实好像也是这样。你愿不愿意在爸妈面前表达你的真实想法？”我鼓励他。

通常，解决一个问题的方法不少于三种，这对于很多陷入困境的人来说，是非常重要的信念。

小普想了想，说：“也对，我爸这次回来找我谈，我也没好好理他。要不就试试吧，我想他们也不愿意我天天这么痛苦。不过，我不知道怎么开口，老师，您能帮我吗？”

“当然了，你们来这里就是来寻求帮助的。我虽然不会帮你说服你父母，但是我会帮助你们看到彼此内心的需求。这样，也许问题就迎刃而解了。”我笑着说道。

"是我自己的选择，我会努力"

我邀请他们全家一起讨论小普的学业问题。

在我的引导下，小普磕磕绊绊地表达了自己的想法。其间，小普父亲想要说话，我向他打了个手势，请他等小普说完。

小普没有看父母，低着头说完后，长吁了一口气。

认真倾听孩子内心的声音，比单纯的行为指导效果更好。

小普妈妈哭了起来。小普爸爸叹了口气，说："我一直觉得我们还挺民主的呢，尤其是我，一直认为我们不是专制的家长，做什么都是为了孩子好。我俩一直觉得孩子适合并且应当学理科，没想到给了孩子这么大压力！"

"父母有时候不自觉地想替孩子安排人生，忽略了孩子作为一个独立的个体，也有自己的想法和需求。"我说。

"不瞒您说，老师，我这次回来看到家里的情况，心里也急。我检讨，我平时工作太忙，没时间和儿子谈心。他妈妈跟我说孩子的情况，我想这是小孩子在闹脾气，过几天就好了，甚至觉得他妈妈小题大做。"

小普爸爸继续说："我昨天和他妈妈商量，孩子若是因为文理科的事压力大，这好解决。"

"爸，你们同意我学文科？"一直低着头的小普猛地抬起头。

"嗯。"小普爸爸点点头。

小普高兴得直搓手，说："爸，你放心！学文科是我自己的选择，我一定会努力的！谢谢爸！"

"小普，这是你爸妈一起商量的呢。"我提醒道。

"哦，谢谢妈！"小普早忘了他已经很久不和妈妈说话了。

小普妈妈哭得更厉害了。

她不知道怎么表达才适度

我说："小普，有没有什么想和妈妈说的？"

小普挠挠头，说："对不起，妈，我前段时间不和你说话，做得不太对。"

"好像还有点儿不情愿的样子，"我开玩笑地说道，"虽然学业问题非常顺利地解决了，可是我们还有一个重要问题要讨论，那就是你和妈妈的相处问题。"

一直没说话的小普妈妈开口了，她说："我也想问问老师，我们应该怎么相处？"

我笑着说："答案就在你们这里，一会儿就知道了。"

我请小普把他和妈妈在家的日常在现场表演一下。小普很开心，让爸爸演自己，自己边做导演，边演妈妈。

"导演"说戏很到位，一场小小的情景剧很快呈现出来。剧中的妈妈事无巨细地照顾小普，小普则不胜其烦。

用角色扮演的方式呈现日常生活，可以更直观地让参与者看到、感受到自己需要调整的部分。

之后，我请他们谈谈各自的感受。

当观众的小普妈妈不好意思地笑了，说："我怎么那么烦人呢？别说孩子不想理我，我都不想理自己。"

小普爸爸幽默地说道："作为小普的替身，我表示小普平时太不容易了。我终于理解孩子为什么不爱和妈妈说话了，妈妈管得太紧，孩子都没退路了。"

小普却红了眼眶，说："我原本想演出我妈让人厌烦的那个劲儿，可是演着演着我投入进去，竟觉得我妈真是爱我，只是她不知道怎么表达才合适。”

“爸爸妈妈觉得以前对你的陪伴不够，尤其是妈妈，非常想弥补，所以可能有点儿用力过猛。通过刚才的情景剧，你们现在都能彼此理解对方的行为了吗？”我说。

一家三口整整齐齐点着头。

答案就在你们那里

我说：“妈妈刚才问我，我说答案就在你们那里。你们回家后还有重要的事情要做，也许你们需要召开家庭会议，一起讨论家人相处时，哪些行为是适当的，哪些是不适当的，并将会议结果记录下来张贴在家里显眼处，互相监督。”

“可以，可以。”三人对此毫无异议。

小普爸爸补充道：“刚才小普说他自己的想法时，我想插话，老师让等一会儿。我觉得这也给了我启发，我们平时沟通时要注意这点，要让每个人充分表达。你们同意吗？”

娘儿俩互相看了一眼，点头表示同意。

“那好，那我就主动请缨，以后不管我在哪儿，咱们每周开一次家庭会议，保持良好沟通。”小普爸爸说。

如此有悟性的一家人！我不由为他们鼓起掌来。

“祝你今晚睡个好觉！”临走时，我对小普妈妈说。

“今后估计都能睡好觉了。”她笑着说。

写给家长的话

“悲剧就是善的冲突。”这是小普喜爱的黑格尔说过的一句话。

小普的一家，每个人都是善良的。父母“为了孩子好”，温和且强硬地替孩子做决定。孩子为了接受父母的好，辛苦地忍受着父母那些对他来说很痛苦的决定。大家一起“合作”，造成了困难的局面。

所幸没有发生真正的悲剧。而且，这是极有悟性的一个家庭，能够通过咨询很快找到问题所在以及解决方法。

小普家的问题很简单，依然困住了他们。痛苦与快乐，很多时候只是一步之遥。所谓当局者迷，这一步，对他们来说却是鸿沟。

不要囿于问题本身，站在问题之外看问题，十分重要。

回应小测试：角色扮演

角色扮演是心理咨询中常用到的一种技术。在角色扮演中，运用戏剧表演的方法，人们能亲身体验他人的角色，因此能够更好地理解他人的处境，以此发现问题，了解问题的症结所在。

每个人都是天生的艺术家。角色扮演在家里也可以运用。在家庭中进行角色扮演，是全家合力解决问题的一种特别形式，可增进家人间的情感联结。

提示：家长扮演年龄小一点儿的孩子时，要学习一些特定年龄段孩子的行为特点和心理特点。

可以记录你家的角色扮演，记录过程及每个人的感受，看看会有什么收获。

我家没有夸赞，只有指责

——亲子关系的改善从练习表达开始

小测试

孩子回家后若有些不开心，你能注意到吗？你会询问原因吗？

孩子在学校遭遇了什么会主动和你说吗？孩子说了之后，你会有什么反应呢？

请把你能想到的内容简要写下来。

小田在咨询室哭得上气不接下气。刚刚过去的 40 多分钟，她都在讲春节期间那件让她伤心欲绝的事，以及对父母的控诉。

对父母的控诉

上大学后的第一个寒假，没有了高考压力的小田，本想很惬意地享受这个假期。然而，春节期间某一天发生的事，让她几近崩溃。

事情起源于一件小事。那天，家里有很多客人，父母碍于面子，当着众多亲戚的面训斥小田，说她“不懂事”“作”。小田觉得自己已经这么大了，还要当众挨训，面子上很是挂不住。客人走后，她在房间里哭起来。哭着哭着，她又想起父母长期以来对自己的不关心，因此越哭越难过。

小田说：“我爸走过来吼了我几句，又转身走了。我积压太久的东西全都爆发出来了，我感觉不到家里的一丝温暖。那一刻，我真的生无可恋。

“生无可恋”，出自一个孩子之口，着实让人心疼。

“我一直哭，一直哭，哭得气都上不来了，我觉得我活不了了。后来，我妈来了，她端来了我每天要喝的中药。她的这个举动，让我感觉到了一丝温暖。可是，很快她就不耐烦地走了，我的心又掉入冰窟。我只好不断地对自己说，不能做傻事，不能做傻事！”

“可是，老师，我太难受了。我在这个家里感觉不到一点儿爱。我都坚持不到开学返校了。”小田悲伤地说。

哭过之后，小田慢慢平静下来。

“我没办法改变他们”

我问小田对咨询有什么期望。

小田茫然地摇摇头：“不知道，我没办法改变他们。”

我说，要不要试着邀请父母过来，大家一起谈谈。

小田有些吃惊地说：“还可以这样？”

我说道：“可以的。你是家庭的一分子，表面上看你遇到了困扰，事实上家里人都会有困扰。我想，好的家庭气氛，是所有父母的期待。”

小田想了一下说：“我试一下，我妈可能来，我爸够呛。”

“没关系的，只要有家长来，就会有帮助。”我说。

小田走的时候，我说：“小田，我必须表达一下，刚才听你说你在极端情绪下还不断告诉自己不要做傻事，我真的觉得你特别了不起。很多人在极端状态下无法保持冷静，我要给你点个赞！”我向她伸出了大拇指。

小田有点儿害羞，抬头看着我：“真的吗？老师，你说的是真心话吗？”

我看着她，很认真地点头：“真的啊，我就是这么想的，所以我要表达给你。”

小田眼里突然出现了亮晶晶的东西，她说了声谢谢后冲出门去。

“你们根本不知道我还是个小孩”

第二次，小田和妈妈一起来到咨询室。小田妈妈看起来很朴实，她一坐定就说：“老师，我们家在郊区，我和她爸爸一直都比较忙，在她成长过程中没怎么照顾她。她很厉害的，从小学四年级起就开始独立上下学，不需要我们接送。周围邻居都夸她呢。她一直没让我们操心，所以我们忽略了对她的照顾。”

“邻居都夸我？你们只知道通过这些夸奖来满足你们的虚荣心，却不知道我当时一天天是怎么过来的。”小田说，“妈，我问你个事。你知道我怕狗吗？”

小田妈妈愣了一下说：“你以前说怕，后来不说了。这么多年过去了，我寻思你不怕了。”

家长有时候理解不了孩子的害怕，对于这样“粗线条”家长，孩子也没办法，只好用自己的方式面对困难。

小田眼泪汪汪地说：“这么多年过去了，我一直都怕！小学快毕业时，有一条狗一直追我到楼下，我怕得要死，你知道吗？我和你们说我怕狗，你们说小狗有什么怕的。我说了几回，你们不理，我就不再说了。邻居家每天都在我放学那段时间遛狗，我怕碰上他们，经常在附近等一个多小时才回家！”

小田妈妈下意识地说：“这孩子，怎么不早说呢？”

其实，家长根本没意识到问题所在。找到问题的症结时，调整起来还是很快的。

“我说了有用吗？你们天天忙得顾不上管我，光说我懂事、独立，根本不知道我还是个小孩！”小田愤愤地说。

小田妈妈连忙说：“唉，我们也是粗心，没站在孩子角度想事情。”

小田愣了，看了妈妈半天，说了句：“妈，这话是你说的？我简直不敢相信！”

“我家没有夸赞，只有指责”

我对小田说：“妈妈一来就提到了他们对你的忽视，她刚才的话又让我们看到了她的反思和调整，我觉得这都是改变的基础。”

小田和妈妈都重重地点着头。

我接着说道：“通过前边关于怕狗的话题，我看到你们的沟通似乎有点儿不够明确。比如，有些信息是对方没有接收到的。很多时候，表达的人没有强调某些信息，收到信息的人就不会重视。”

“是！我们说话都很简单、直接。”小田很快接话道。

“互相会不会有夸赞？”我有些明知故问。

小田撇撇嘴，“从来没有！我很长时间都在怀疑，我是不是我爸妈亲生的。”她接着说道：“老师，你知道吗？上次你说我特别了不起，我出门后哭了半天。我爷爷奶奶去世后这几年，没人夸过我。”

经常听到真诚夸赞、鼓励的孩子，内心得到的能量更多，更有富足感。

“谢谢你给我回应，那确实是你应得的夸赞。”我说完这句话，转向小田妈妈，“听到孩子这么说，你有想到些什么吗？”

小田妈妈有点儿尴尬地说：“我们都在外边夸孩子，不当孩子面夸她。当孩子面夸她，我们不好意思啊，做不来的。”

“嗯，这种情况在很多家庭都存在的。咱们中国人大多比较含蓄，很多人不习惯。”我说，“夸赞也许做不来，那么对她在一些事上所做的努力有没有过肯定？”

小田把头摇得像拨浪鼓，连声说：“我家才没有夸赞和肯定，只有指责、挑剔。”

小田妈妈干涩地笑了笑，说：“真是这样，我们家就是互相指责、互相嫌弃。”

咨询室突然间安静下来。

改变从练习表达开始

小田妈妈啜泣起来，说：“我在他们老田家伺候老人多少年，从来没有一个人当面说我好，倒是总有人嫌我这个做得不好，那个做得不好。刚才您这么问，我突然觉得很委屈。这些年我心里很不舒服，好像也不太清楚问题出在哪儿。”

小田抽了两张纸巾给妈妈递过去。

“是啊，谁都爱听好听的话，谁都希望自己被身边重要的人认可。”我说道。

这是不会表达造成的后果。每个人都按自己的理解来解读生活，却不知道三个人的理解有时会差出十万八千里。

“我们家人都轴，不会说话。孩子刚才说怀疑自己不是我们亲生的，我听了特别难受。我们爱孩子，但不会说，不会表达。”小田妈妈说，“就像他爸，每次去超市都会去进口食品区给孩子买饼干，可他从来不说。”

“啊？”小田吃惊地瞪大了眼睛，“我以为我爸每次买回来的饼干都是快到期的超市打折卖的呢！”

一时间，咨询室里三个人都沉默了。

我说道：“现在大家看到表达的重要性了吧。”

小田和妈妈异口同声地说：“对！”

“好，那我们就要从现在开始练习表达，首先要练习的就是向家人表达感谢以及肯定，其次要练习沟通，也即怎样才能把自己想表达的意思清晰地表达给对方。咨询室的练习是为了回家后能得心应手地运用。”我说道。

小田想了一下，突然边笑边对我说：“老师，我回去突然感谢我爸，我爸肯定会认为我在说胡话。”

“改变要循序渐进，否则大家不太容易接受。”我说道，“再说了，你和妈妈如果能调整，也要和爸爸沟通一下。一来，给爸爸一个消化的过程。二来，你家有三口人，你们两个人开始调整了，带动第三个人进行调整相对容易。”

“对对对！”小田说道，“这么些年我们都没这么干过，我觉得大家会非常不习惯，而且可能会忘。”

“全家总动员的好处就在这里，大家可以在达成一致的基础上互相提醒。”我说，“不知道爸爸会不会认同这些。”

半天没说话的小田妈妈开口了：“我觉得差不多吧，孩子情绪不好，他也急。他就是嘴笨，不会说话，工作上也是这样，有时干了活也落不下好。我们都趁这个机会好好学习一下。”

我点了点头，说道：“愿意为孩子做调整的父母都是有责任心的父母。当然，这样的调整也是为了家庭更幸福。不过，我还是要提醒一下，我们要慢慢来，先从一些小的改变做起。每一点小小的进步，都是值得鼓励的。”

改变一定要循序渐进。

“你们可以改良已经习惯的方式，尽量不要让改变发生得太突兀。”我补充道。

“好激动，”小田毕竟还是个大孩子，兴奋地说，“老师，我要不要把我们的变化记下来？”

“当然好了！年轻人就是反应快！我正要问问你愿不愿意呢！把你们的点滴变化记下来，没事时看一看，幸福指数会提升很快的。而且，还有一个好处是，当你们有反复的时候，这些内容可以提醒你们。”我说道。

在改变的过程中，做记录是个不错的方法。

小田开心地点点头：“老师，你又夸我了。你夸人那么自然，让人很舒服。”

我笑着说：“我从内心看到了你们的好，看到了你们的优点。真诚的夸赞，总会让人舒服。”

小田点点头：“我懂了。”

哪怕有暂时的后退也没关系

第三次咨询时，小田独自来了。

她一进门，我就看到她有点儿沮丧的样子。

小田“唉”了一声，说：“老师，他们只好了三天，后边这几天又不行了。”

“能好三天也很不错啊！我上次提到过，这可能会有反复。你想想看，多少年的习惯要调整，不是容易的事。”我说道。

“也对。”小田点头道。

我说：“要不要分享一下那美好的三天都发生了什么？”

“好！先说我印象最深的一件事。那天，我们在家包饺子，我和的馅。我爸竟然说好吃！他说吃出了以前过年时的味道！哇，好开心啊！”小田笑得眉眼弯弯。

“然后呢？你是怎么回应的？”我问道。

“嗯，我说了谢谢爸爸。然后我就暗下决心，开学前再包一次饺子。”小田笑着说道。

我被她的快乐感染了。

“另外，我妈头两天每天都和我一起泡脚、说话，我觉得我俩还是有不少话可以说的。”小田说道，“我回去也问了我爸他给我买进口饼干的事，我非常认真地感谢了他。我妈后来悄悄和我说，我爸美坏了，当天临睡前念叨了好几回，说我懂事了。”

“真好啊！”我叹道。

“可是好景不长。”小田又黯淡下来，“我们家口无遮拦的日子毕竟太长了，我们无意间就开始互相伤害了。”

“不要紧，只要往前走了，哪怕有暂时后退也没关系。你可以发挥你的优势来推动他们。每次咨询的心得，包括一些沟通技巧，如果愿意，你可以跟他们分享，给他们充充电。”听了我的话，小田长吁了一口气。

在一个家庭，一家三口很像咬合在一起的齿轮，其中一个齿轮转动，会带动其他齿轮跟着转。改变就是这样发生的。

家庭开始调整了，小田希望我能再具体地和她进行一些沟通方面的训练，因为她在学校的人际关系也有点儿问题。

小田的咨询进行了一段时间。整个咨询结束时，小田像是换了一个人，洋溢着青春的气息，全然不是那个哭得惨兮兮的姑娘了。

写给家长的话

世间有太多不幸的孩子，他们感受到的是父母“变了味儿”的爱，他们与父母在爱的前提下互相伤害。而父母也很委屈，他们觉得付出了全部，却换来孩子的诸多不满。

沟通的桥梁不是那么容易建造的。不会表达的孩子面对不善表达的父母时，他们往往感觉不到来自对方的爱。爱孩子，可以从愿意为孩子做改变开始。尝试调整，打破多少年来的习惯，即便不能立竿见影，单就行动本身，就值得钦佩。

沟通需要方法，成长需要学习。家庭关系就像咬合在一起的齿轮，一个齿轮正常运转，才能带动其他齿轮运转。改变就在这一刻开始，并会朝着好的方向进行。

回应小测试：用简单问句开启对话

孩子是否愿意开口，取决于他是否相信自己能得到家长的关注，是否相信自己说的话会引起家长的重视。

试着用这些话语帮助孩子多表达：

1. 你愿意和我聊聊今天发生了什么事吗？

2. 你愿意和我谈谈是什么事情让你这么烦吗？

3. 什么事让你这么沮丧？和我说说也许会让你感觉稍好点儿。

当然，你可能被拒绝，但不一定每次都会被拒绝。孩子会观察、评估，他认为自己所说的内容会被接纳时，就会开口了。

其实，这个方法对家庭中的每个人都是适用的。

坐在咖啡馆不愿回家的女孩

——用家庭会议提升家庭沟通的质量

小测试

你家开过家庭会议吗？如果开过，通常的场景是怎样的？频率是怎样的？效果如何？

请简要记录你家的一次家庭会议。

安然妈妈的表现和别的家长不太一样，这是一个有意义的信息。

安然是妈妈陪着来的。与其他带孩子来的家长不太一样，见到我之后，安然妈妈对安然说："这没我什么事了，我先走了。一会儿结束后你给我打电话。"我还没来得及说什么，她就飞快地走了。

"他们离婚了"

安然正在读高三，再过几个月就要参加高考。她高高的个子，扎着马尾，眉清目秀。

近年来，随着心理咨询越来越被人们接受，很多孩子有了主动寻求心理咨询的意愿。

我说："你妈妈是不是有急事？我有时会邀请家长参与咨询，我刚才还没来得及说，她就走了。"

安然翻了一下眼睛，说："别理她，她就那样。"

安然说自己现在很焦虑，每天头疼。这次她央求妈妈好几次，妈妈才帮她找了心理老师。

我告诉她，能够主动寻求专业帮助，是有勇气的表现，同时请她详细说说焦虑的表现。

安然抱着头，脸上一副痛苦的表情。她说："老师，我就是头疼，天天疼，晚上睡不好，第二天上课时没精神。眼看快考试了，我这样肯定不行啊。"

我问家里人有没有带她去医院检查身体。安然摇摇头："没有，爸爸每周带我去做一次中医按摩，目前效果不太明显。"

如果来访者有生理症状，需要先在医院做检查，排除生理方面的因素，才能做心理咨询。

我建议她在家长带领下去医院做检查，看看有没有生理方面的原因，排除生理原因所致的头疼，再踏实做心理辅导。

安然撇着嘴，说："我妈肯定不会带我去的。我头疼都好久了，她一直说没事没事。”

“那就请爸爸带你去吧，爸爸似乎更愿意帮助你。”我说。

“是啊，虽然我爸其他事上不怎么管我，这事倒还算上心。我一会儿给他打个电话说一下。”安然皱着眉说。

父母离异无论怎样都会给孩子带来影响，如果能够做到且能让孩子感受到“对孩子的爱不会变”，可将对孩子的负面影响降至最低。

“哦，爸爸没在家？”我问了句。

“不是，我们不住一起。我小学时他俩离婚了，我和我妈住。”安然说。

安然平静得像说别人家的事。我说：“那是他们的选择，不管怎样，他们对你的爱是不会变的。”

“哼！”安然哼了一声，“我妈的爱，我是越来越不懂了。”

“我妈这样的爱，我是越来越不懂了”

“越来越不懂妈妈的爱？”我问。

安然有点儿情绪：“是啊，该管的不管，不该管的瞎管！我家离学校很近，可她非要天天早上送我上学，晚上接我回家。”

“你就算已经读高三了，可妈妈还是不放心你独自上下学。每天接送看起来没什么问题。”我说道。

“听起来是挺好的。可是她非要开车接送我，开车就得绕路。而且，她在车上一直和我聊天，说她单位那些破事，说她和朋友之间的事。这些事我听着烦死了！我在车里都不说话，她就一个人在那说说说，她也不嫌烦。但她回家后就变了一个人，跟我说不了几句话，除了催我，催我这，催我那。我俩一言不合就吵。她在家主要就是玩手从安然的描述中，我感觉到她的妈妈并不是一个情绪稳定的人。妈妈情绪不稳定，会让孩子缺乏安全感。

机，偶尔会做饭。这是爱我吗？我真不觉得。”

安然是个爱表达的姑娘。在我这里，她终于有了可以宣泄情绪的机会，绘声绘色地讲着她和妈妈之间的事情。

末了，她苦恼地对我说：“老师，我在学校一天累得要命，在家学习时，我妈又老打扰我。我经常头疼，心情也不好，学习效率根本不行。您说我能不焦虑吗？”

我听着安然说话，慢慢了解到这是个优秀的姑娘，在学校表现出色，独立生活能力也很强。

鉴于她的焦虑情绪，我们协商把她近期的学习计划做点儿调整。

同时，我希望安然妈妈能参与咨询。

“你走！我不想见到你”

第二次咨询时，妈妈准时到了，说安然晚到一会儿，她想先和我谈谈。

安然的妈妈看起来很干练，说话语速很快。她告诉我，她和安然爸爸分开后的这几年，一直调整得不太好。她本身并不是一个特别会安排生活的人，在照顾孩子方面也比较粗放。她的观点是：孩子是孩子，她是她，她要有自己的生活。所以她虽然爱安然，但她们的关系并不特别亲密。对于安然，她很自豪：“我女儿足够优秀，生活自理能力比我还强，我不担心她。这次我不知道她为什么非要来做心理咨询，我觉得她没什么事。”

“孩子是孩子，我是我，我要有自己的生活。”这句话看起来并没有什么问题，但是少了点儿什么。孩子在成长过程中，来自父母的适度的陪伴很有必要，且相当重要。

安然进门时，满脸不高兴：“老师，今天我想说说和我妈差点儿打起来的事，气死我了！”随后她冲着妈妈说：“妈，在老师这儿，你倒是说说，你干的是什么事儿啊！”

安然妈妈有点儿尴尬，说：“是这么回事，我俩这周吵了一架。原因是她想报个需要提前考试的学校，让我帮她打听信息，我觉得她可能考不上，就没理这事。她从同学那得知学校这周刚举行了招生考试，回家就不依不饶，和我大吵一架。我承认这是我的问题，我没上心。可是，话又说回来，我觉得这也是她的事啊，不能全怨我。”

孩子委托给父母的事，对他来说都是大事。父母不在意的态度通常是亲子冲突的导火索。

安然坐在沙发上，冷着脸听着，听到最后一句，一下子站起来，说：“是！这是我的事！我天天在学校学习，有没有时间跑学校、准备资料、打听考试安排？你看看人家哪个考生不是家长提前帮着准备的？你是我妈，我才向你开口的。我多久前就跟你说了？你不想管我倒是和我说一声啊！我就算学习再紧张，也会自己去准备！你根本不知道我是多么渴望上这个学校！”

在校的未成年人就算再独立，也希望得到家长的帮助，更何况安然所面临的困难超出了她的能力范围。

安然妈妈坐直了身体，放慢语速对我说：“老师，我承认我错了，忽略了孩子的感受。但我仍然认为这是她自己的事，她应该自己去办。”

安然尖叫起来，同时眼泪成串地流下来。她浑身发抖，一边在咨询室焦灼地转圈，一边指着妈妈说：“好！你有理！我走！我不做咨询了！”

“是的……但是……”这样的表达特别容易让人反感。安然妈妈这样表达歉意，引起了安然强烈的情绪反应。

我和安然妈妈都站了起来。我拉住安然，拍着她的背，想让她平静一点儿。妈妈说：“还是我先走吧，你们好好谈。老师，谢谢您，希望您能帮助她。”

安然愤怒地指着门，喊道：“你走！我不想见到你！”

用身边的资源帮助自己

妈妈走了，安然哭了很久，才平静下来。她告诉我，上次咨询后，爸爸带她去医院做了检查，她没什么问题。医生说她的头疼可能和焦虑有关，建议她去心理科看一下。

一方在道歉，另一方认为对方无诚意，不肯原谅，冷战就此展开。殊不知，冷战并不是解决问题的好办法。

妈妈的道歉在安然看来并无诚意，她特别委屈。她说这几天坚决不要妈妈接送，晚上放学后就在自己家楼下咖啡馆学习，到很晚才回家。

由于很喜欢那个提前招生的学校，安然很想试一下，没想到没抓住机会。焦虑再次袭来，她无法控制情绪，和妈妈吵了一架。

情绪的爆发为安然找到了愤怒、委屈等负性情绪的宣泄出口。

妈妈置身事外，显然没有准备在关系修复中做任何努力。

安然情绪平稳后，我们讨论她的现状。安然说："我爸挺惦记我的，不过他还不知道考试这件事，我没告诉他。他工作忙，我不想总打扰他。"

每个人都有很多资源可以利用，就看我们怎么用，肯不肯用。

安然还不习惯合理使用身边的资源。

我问安然，如果爸爸知道这事会怎么做。

"我也不知道，不过我差不多能确定他会站在我这一边的，"安然说，"也许我可以和爸爸谈谈。我其实很久没和他认真谈过我的情况了。那天去医院我也没多说。"

我肯定了安然的想法，告诉她，要好好利用可以帮助自己的资源，努力提高应对焦虑的能力。

"我会邀请孩子妈妈一起开个会"

第三次咨询时，安然和爸爸一起来了，我稍有点儿意外。

安然爸爸说："女儿今天给我打电话说了她的情况，我才意识到孩子的困难。平时她报喜不报忧，很多事都自己担着。虽说独立能力强，但她总归还是孩子，我们做父母的还是要尽自己的义务。我觉得挺对不起孩子的，就冒昧地要求和她一起过来。"

安然在困境中迈出了寻求资源帮助自己的重要一步，这很不容易。

安然不好意思地说："老师，我思想斗争了很久，才下决心告诉爸爸的。我也没想到他要来。"

爸爸能来当然好。我们一起讨论，在不影响他们三人现有相处模式的情况下，爸爸能够提供什么帮助。

安然爸爸说："我们会开家庭会议，一起想办法，看看大家都能做什么调整，帮助安然顺利度过这个特殊阶段。"

无论是在亲子关系中，还是在其他人际关系中，清楚地表达自己的需求对大多数人来说都不是一件容易的事。

安然坐在沙发上笑了，轻松了很多。

我提醒安然，家庭会议中要清晰表达自己的需求，这样大家才有调整方向。

安然还希望继续进行心理咨询，她的情绪积压太久了。父母离异时告诉了她，她同意了。那时，安然还是小学生，并不知道父母分开的真正原因，潜意识中，她认为自己是一个不招人喜欢的小孩，父母是因为她分开的。那以后，她小心翼翼地学着独立，尽量不去麻烦别人，包括父母，然而隐忍的情绪在高考前夕爆发了。

从心理学角度来讲，父母离异对孩子而言是个创伤事件，如果能及时关注孩子的情绪变化，提早帮助孩子调整，或许会避免很多问题的发生。

后续的咨询我没有再邀请安然的父母，但我能看到，父亲的介入，使得安然母女的关系有了好转。安然的笑容越来越多。

两人关系遇到僵局，第三个人的有效介入可起到调和作用。

高考成绩出来后，安然告诉我她考上了一所不错的大学。

写给家长的话

在上面的案例中，安然与妈妈的矛盾主要体现在爱与需要上。妈妈有爱，但不知道孩子的需要，或者对孩子提出的需求不够重视，过于主观。如果妈妈能和安然一起咨询，她的观念能有改变，也许她们的亲子关系会有质的变化。

当孩子遇到困难时，家长无论如何，都要一起努力。当然，这是理想状态。如果有家长没有准备好，做好准备的家长可以先行调整。

关系密切的一家人，就像啮合在一起的齿轮，若某个齿轮转动的方向发生改变，其他齿轮也应跟着调整。无论如何，父母都应好好爱孩子。这份爱，若是孩子真正需要的爱，那就更好了。

回应小测试：家庭会议

举行家庭会议的主要目的是讨论全体家庭成员的想法、建议、困扰、愿望等，可以借此机会设立家庭规则。

家庭会议不但可以增进亲子间的沟通，还可以锻炼孩子的组织协调能力和责任感。

想要开好家庭会议，要把握好以下要点：

1. 可从孩子学龄期开始（也可视情况适当提前）定期组织家庭会议，每次以 30 分钟至 1 小时为宜。

2. 可以一周或两周组织一次。如果一周组织一次，每次以 30 分钟左右为宜。

3. 家庭成员可以轮流担任会议主席，做会议记录。

4. 要平等地沟通，而不是强硬要求某个家庭成员做什么。

5. 所有成员都要遵守会议规则。

按照以下格式记录你家最近的一次家庭会议。

会议记录

名称：第____次家庭会议

会议时间：____

会议地点：____

记录人：____

出席人员：____

缺席人员：____

主持人：____

主要议题：____

发言记录：

____

____

会议决议：

____

____

第4章

不再内耗

——修复破损的亲子关系

爸爸妈妈，别再在我面前“秀恩爱”了

——别用夫妻关系绑架亲子关系

小测试

找个无人打扰的空间，静下心来，画一画你的家庭关系。

用一个个圆圈来代表你的家人。圆圈可大可小。圆圈之间的距离可远可近。圆圈之间可以有交集，甚至可以是包含与被包含的关系。总之，完全按照你家人之间的关系画就可以了。

王女士带着六年级的女儿小燕来做心理辅导。她说，学校的老师说孩子最近情绪不大好，原来挺活泼开朗的，现在在学校却不怎么说话，下课也不和好朋友一起玩了。老师很担心孩子的状况，希望家长带孩子做心理辅导。

孩子的很多状况在家里并不会表现出来，而认真负责的老师会注意到孩子的表现。因此，家校合作非常重要。

王女士说，孩子在家表现正常，不知道是不是同学间发生什么事了，问不出来。

我请王女士在外等候，我要和小燕单独谈谈。

“老师，你要替我保密”

小燕扎着马尾，看起来很机灵。进了咨询室，看到沙盘，她马上很内行地说：“老师，这个我认得，是沙盘，我们学校有。”

“哦，看来你去过你们学校的心理辅导室啊，感觉怎么样？”我问。

“挺有意思的。我们心理老师也挺好，不过——”小燕停顿了一下。

我好奇地看了看她。

“学校的心理老师认得我们老师，还认得很多同学，我不愿意跟她说心里话，怕传出去。”小燕说。

“心理老师都会遵守保密原则的，我也一样。”我笑着对她说。

“那还是不要找她，万一她哪天不小心说漏嘴呢。我愿意在你这里说，反正我们也不认识。”小燕说。

“谢谢你对我的信任。我保证做好保密工作。不过，一般家长带孩子来时都很好奇孩子会跟咨询老师说些什么。一会儿咱们的谈话哪些可以和家长提，哪些不能说，你要告诉我哦。”我说。

“好，击掌为定！”小燕伸出右手。我俩认真地击了一下掌。

“我爸有外遇”

保守秘密是一件很辛苦的事。小燕只是个孩子，要守住这样的秘密，实在太不容易。她希望在安全的环境下表达出来。

小燕一副自来熟的样子，坐在沙发上，晃着腿说：“其实我在学校没什么事，就是和朋友发生了点儿小矛盾。不过，我觉得那不太重要，可以一会儿再说！”

说着，她突然从沙发上跑到我面前，特别小声地说：“老师，我告诉你个秘密，我爸有外遇啦。”

“哎呀，这可是个大秘密，谢谢你这么信任我。你是怎么知道的呢？”我问小燕。

“前段时间，我发现我妈总偷偷哭。有一天，她的闺密来我家，她们关上门在卧室聊天。我悄悄听了几句就明白了。这能瞒住我？我还是很聪明的！”小燕有些得意地说。

孩子的嗅觉是很灵敏的。很多时候，家长以为能瞒住孩子，其实孩子什么都知道，只是不愿意说而已。

“那现在的情况是，你已经知道了，爸爸妈妈还瞒着你。”我说。

小燕坐回沙发上，有了些情绪：“当我傻子呢！两个人还在我面前秀恩爱，演戏给我看！太假了！这演技太渣了！我都不想理他们，当然我也不戳穿。演呗，使劲演！”

“哦，那你怎么看他俩的事呢？”我问小燕。

“过不下去就离吧，我跟我妈。我爸天天那么忙，和我也说不了几句话，我可不跟他。”小燕说。

“小燕，你好像已经平静地做出选择了，当然，这是万不得已的选择。通常孩子知道父母的婚姻出现变故时都会很惊慌，害怕他们分开。”我说。

小燕的冷静与她的年龄实在不符。

“其实吧，我也慌了几天。那几天我心里特别烦，但我能装，我妈啥也没看出来。她都那么难受了，我也不想让她替我操心。”小燕吸了一下鼻子说，“有一天，我实在忍不住，就跟我好朋友说了。就叫她小 A 吧。我说我爸妈可能要离婚。小 A 说，她爸妈一年前就离婚了，她也没觉得有什么不好。我才知道她家也这样。不过之前她一直没有说。我俩相约互相保守秘密，互相做伴。这样我慢慢就不那么难受了。”

家里出了变故，有同病相怜的朋友支持自己，很难得。另外，小燕性格本身比较开朗。这样看起来这个孩子的情况还不算太糟。

“你说他们为什么就不能告诉我呢？一家三口在互相隐瞒，我觉得我也在演，我们的生活特别不真实。我在家还装得跟平时一样，在学校就觉得累，不想说话。我喜欢的男生也不喜欢我，我每天就跟小 A 一起玩。”小燕说着，突然笑了一下，“学校的老师和我爸妈都不知道我怎么了。”

我俩都乐了。

“父母离婚对我没影响”

我说：“爸爸妈妈不告诉你，也许是因为他们还没有想好怎么应对这件事情，这是很棘手的事。通常情况下，他们不愿意把孩子卷进来。其实，我们都是局外人，不知道他们之间真正发生了什么。关于情感的事是很复杂的，你能理解吗？”

小燕的回答听起来令人意外。很多时候，我们无法用成人的眼光来看孩子的世界。

小燕想了一下说：“对呀，我现在都体会到情感的复杂性了，哈哈哈。”

我看小燕的笑不像伪装出来的，又问了一句：“那你说说，那个男生不喜欢你和你家的事相比，哪个对你影响更大？”

“我觉得，那个男生不喜欢我对我影响更大。他并没有喜欢别人，我还是有机会的，我要努力！”小燕的回答让我百感交集。

很多想要离异的夫妻，为了孩子，都选择“凑合”。他们常说一句话：“要不是为了孩子，我们早离婚了！”这看起来是要给孩子一个完整的家，但实际情况是，很多孩子早就清楚父母的貌合神离。在我的咨询中，很多孩子都不希望看到这种假象，他们更希望父母能够真实些，有的孩子甚至希望父母能够各自找到自己的幸福。

她继续说：“至于我爸妈这边，我不担心。我好朋友小A说，虽然她爸妈不生活在一起，但分开后给她的爱还多了呢，原先光忙着吵架，现在对她都很上心。我认为小A说得非常对。我爸特忙，我有时好几天才能见他一次。对我来说，他俩离不离婚对我没有太大影响。”

很难想象，这番逻辑清晰、表达沉稳的话出自一个小学六年级学生之口。

评估小燕的状况后，我想我和小燕讨论的重点可能不在父母的关系。

“你说得很清晰，那我就放心了。那么你现在有需要老师帮忙的地方吗？”我问小燕。

“有的，老师，”小燕说，“我想请您帮我分析分析，我怎样才能让那个男生喜欢上我。”

小燕告诉我那个男生的信息，我当然没有办法帮助她让那个男生喜欢她，但我告诉她，让自己变得优秀，赢得别人喜欢的概率才会增加。这里的优秀，当然包括各个方面。

换个角度看问题，有时“坏事情”会变成“好事情”。

小燕突然说：“那我要好好努力，我都那么优秀了，说不定就不喜欢他了呢。”

“对的，你越优秀，你的视野越宽。”我说。

“我希望家里所有人都幸福”

小燕自己没有问题了，便催促我帮助她妈妈，她说不希望妈妈那么痛苦。

我说：“可是我答应你不告诉妈妈你知道了他们的事。”

小燕想了一下，大度地说：“其实也没什么，要不你就告诉她吧，别让她天天装了。你就说我知道了他们的事，其他的不用告诉她。”

我自然应允。

得知女儿并没什么状况，妈妈很高兴。但知道女儿早已对家中的事心知肚明时，她深感意外。

“我只当她是小孩子，没想到她看事情看得这么清楚。”小燕妈妈流着泪说，“我和她爸爸的事很复杂，我一直在犹豫要不要和他分开，我犹豫的主要原因就是孩子。”

可怜天下父母心。

小燕妈妈说了自己的想法后，问我：“老师，那您说我这种情况怎么办好呢？”

我告诉她，到底要不要分开，那是他们夫妻间的事，咨询师不会替她做决定。不过，如果需要帮助的话，她可以约别的时间咨询。

本次咨询的对象是小燕，我们要应对的是小燕的问题。而妈妈的事，要再约咨询时间。

我说：“今天，我们最大的收获是知道了孩子的想法。小燕性格开朗，又不失细腻，这非常好。如果她过于敏感的话，我们要考虑的就多了。她对于你们之间的事有自己的应对方案。她说，无论怎样，她希望大家都幸福。”

小燕妈妈本来已经止住的眼泪又流了下来。她说：

“我得找个时间和孩子好好谈谈。我的孩子这么好，我太感动了！”

“是的，有时候孩子已经不知不觉长大，家长却还当他们是什么也不懂的小孩子。”我说，“小燕的想法当然会减轻你们的心理负担，不过我想说的是，如果父母只是为了孩子而佯装和睦的话，孩子是会感受到的。没有研究证明单亲家庭的孩子一定会有心理问题。即使你们夫妻最终分开，也要明确告诉孩子，你们的感情出了问题，和孩子无关。更要让孩子明白，即使你们分开了，对孩子的爱依然不会改变。”

“孩子心理是否健康，取决于她的调节能力、她所得到的爱，以及健康的成长环境。”我做了结语。

小燕妈妈点点头，说：“我懂了。”

写给家长的话

小燕的妈妈对于婚姻的态度，代表了一种中国式父母的典型态度。他们为了不影响孩子，宁愿自己在婚姻中凑合。殊不知，很多时候，孩子早已嗅到了味道。就像我在咨询中说的那样，即使夫妻最终分开，也要明确告诉孩子，这是夫妻感情出了问题，和孩子无关。更要让孩子明白，即使父母不在一起生活了，对孩子的爱也不会改变。

若能如此，世间就不会有那么多陪父母辛苦演戏，甚至对婚姻本身产生怀疑的孩子了。

现在，大多数孩子能从学校、社会获得很多生活经验，心智成熟度远远超过父母的预料。在家庭出现问题时，父母可以适当地让孩子参与家庭事务，尊重他们的感受和想法，这样不但对解决家庭问题有帮助，对孩子的心智成长也有所帮助。

回应小测试：家庭关系

结合下面的提示观察开篇小测试中你画的家庭关系图。

提示 1：你画的第一个圆圈通常代表你最在意的人。

提示 2：圆圈与圆圈间的距离代表着家人之间的距离。

你画的第一个圆圈代表的是谁？你画出来的家人间的关系是怎样的？

这会引发你怎样的思考呢？

“都市留守儿童”的口吃困扰

——孩子需要父母稳定的陪伴

小测试

在养育孩子的过程中，父母的有效陪伴非常重要，而在有效陪伴过程中一点一滴的细节都不容忽视，比如对孩子的夸奖。

回顾一下，你对孩子的夸奖到位吗？请看下面的场景。

场景：年幼的孩子第一次自己系好了鞋带，他站在你面前，希望得到你的夸奖。

夸奖 1：宝贝，你太棒了！快点，我们要迟到了，快走吧！

夸奖 2：宝贝，你太棒了！你第一次自己系好了鞋带，真是个小能手！妈妈很开心呀，宝贝，你是怎么做到的呢？

这两类夸奖分别会让孩子有什么感受和行为表现呢？请试着写下来。

小均正在读三年级。在过去的半年里，他出现了口吃的问题。小均爸爸请我给小均评估一下。到了约定时间，小均父母陪着小均来了。

“我们这孩子胆小”

小均看起来有些腼腆，和我打招呼时声音很小。我和他聊了几句，他也是怯怯地小声回应。

妈妈鼓励道：“儿子，声音大点儿。”小均看了妈妈一眼，声音大了些。

爸爸说：“老师，我们这孩子胆小。”我不动声色地冲他摇摇头，示意他不要当着孩子的面这样说。

父母对孩子的评价，即使是不经意的，也可能转化为孩子对自我的认识，其影响甚至会持续到孩子成年以后。

小均靠在妈妈身上。由于咨询工作室有沙具，他总是看着不远处的沙具。在小均与父母的互动中，我看到小均的依赖，因此我邀请他玩沙盘游戏，让他用沙具创作一个故事，希望他在玩沙盘游戏时能拥有一些自己做主的空间。他毫不犹豫地答应了。

不一会儿，小均就显露出了孩子的天性，在沙具架和沙盘桌之间跑来跑去，一趟一趟拿着自己感兴趣的沙具。

小均堆沙堆时，由于动作大了一些，把沙子弄到了沙盘外边，爸爸看到后马上说：“小均，小心点儿，不要把沙子弄到沙盘外边！”小均点了点头，并答应了一声。

他要搭建一个战争场景。沙具里有很多小兵，小均为了省事，想一次把几十个小兵沙具都拿过来。这样，他小小的怀里抱满了沙具，在他走向沙盘桌的途中，有沙具掉到了地上。爸爸说：“别一次拿那么多啊，都掉了！”小孩子有孩子的天性，家长过多地约束孩子，有时候会让孩子变得唯唯诺诺，失去创造力和思考力。

均“噢”了一声，把地上的沙具捡了起来。

小均把沙盘摆好之后，开始给我讲他创作的故事。他站得离沙盘有点儿远，我说：“小均，可不可以往前站一点儿？这样你讲故事时如果需要移动沙具更方便一点儿。”

小均爸爸马上说：“小均，快往前点儿，听老师的话。”我再次无声地示意他不要打扰孩子。

小均开始讲他的故事，一开始他讲得很流利，在讲到一些一下说不清的情节时，他开始口吃。我耐心地等着他，同时注意到了他父母焦灼的神情。刚开始口吃时，小均停了一下，看我没什么特别反应，他继续讲着。之后，他讲得还是比较流畅的。他创作的故事虽然离奇，但逻辑还算清晰。

忍不住不断提醒孩子的爸爸

尽量通过具体的事实来对孩子进行夸赞。

听完故事，我说：“你的故事很好，而且我发现你用词很准确，我猜你的语文成绩比较好。”

他说：“还好吧。”

我说：“那你期末考试成绩怎样？”

“语文 100 分，可是数学没考好。”小均说。

“你很厉害呀，语文可以考 100 分！”

小均轻轻扯了一下嘴角，说：“我们班只有两个 100 分。”他紧接着又说：“可是我数学没有考好。”

我问：“没考好是什么样？愿意告诉老师吗？”

小均低着头说：“95 分。”

“95 分也不错呀，”我说，“爸爸妈妈怎么看你的成绩？”

小均抬头看了一眼父母。

爸爸笑着说：“没事，告诉老师。”

小均说：“妈妈表扬我了，可是爸爸批评我粗心大意。我觉得也是，我太粗心了。”

爸爸要开口说话时，被我阻止了。我请他们安静地坐一会儿，我还要和小均说说话。

小均在和我的交流中已经放松下来，我开始评估他在没有父母特别关注的情况下说话是否流畅。我发现他表达大体没问题。他有时说话会结巴，若别人能耐心等待，他可以正常说完。同时，我注意到，每当孩子磕巴时，妈妈都十分担忧，而爸爸始终盯着孩子，极力克制自己想说话的冲动。

小均的爸爸对孩子管控很多，要求很多，一直“盯着”孩子的问题。小均对自己要求也很高，在没有达到预期目标时，他表现出了对自己的不接纳。他人对自己的不接纳，自己对自己的不接纳，都可能影响孩子顺利表达。

这时，对于他们一家三口的相处模式，我已经有了初步印象。

接下来，我想和小均父母谈一谈。我跟小均商量：“你想不想画画？”

小均一边晃着双腿，一边晃着脑袋，说：“我不想画。我画得不好。”

我说：“没关系啊，在我这里，你想怎么画都行。”

“不行，我不画。”小均坚持道。

我把他喜欢的小兵玩具递给他，说：“你可以试着画画小兵，没关系的，哪怕是简单的线条画也行。”

小均的爸妈也极力鼓励他。小均想了一会儿，拿过画笔，说：“我画的时候，你们不许看！”

当孩子的自信心不太够时，父母的鼓励显得尤为重要。

我们自然答应，请他跟随助理去另一个房间作画。

一看到孩子离开，小均爸妈就不淡定了，直勾勾地盯着我。我笑了笑，先问爸爸："孩子摆沙盘时，我提示父母不要干预，妈妈从头到尾没说话，不过爸爸总是忍不住。你们平时也这样吗？"

爸爸说："对，平时也是这样。我觉得，孩子就是要有规矩，男孩子更应如此。这孩子被奶奶惯得有很多毛病，我就老提醒他。"

这时，妈妈开口了："确实平时爸爸说孩子比较多，以前我也说，后来看了一些育儿方面的书，觉得不应该总说孩子。"

很多时候，孩子那些让家长不安的行为，可能需要从父母身上着手调整。

我回应道："在孩子刚出现口吃时，家长能想到从心理方面调节，这非常好。从我的观察来看，目前孩子只是有轻微的口吃，而且孩子在放松状态下很喜欢表达。这样，调整的基础很好。"

听到我这样说，小均父母对视了一下，不约而同地说："太好了！老师，那接下来要怎么调整？"

都市留守儿童

我向小均父母探询他们的家庭情况。

小均妈妈讲道："孩子是从二年级下学期开始出现口吃的。我生完孩子后一直没有上班。他上小学后，我看他适应得很好，就想出来工作。我的工作地点离家比较远，孩子爸爸也是如此，我们每天回到家都非常累。后来我们决定在单位附近租房。那以后，小均平时就在奶奶家住，周末才和我们住一起。刚开始，因为每天都可以视频，我们都觉得很好。过了两个月，我们发现孩子说话有点儿结巴。奶奶之前没注意，经我一提醒，老人仔细观察后，发现孩子的口吃挺厉害的。”

我问：“孩子怎么看这个状况？”

小均妈妈说：“孩子好像还好。我问了老师，老师只说他上课不主动回答问题。我们也知道他着急的时候才会这样。平时他一急，我们就跟他说‘慢点儿说’。但是这样他反而更急，更容易出现结巴。”

妈妈说着说着，眼圈红了：“老师，您看我俩表达都很正常。确实像您说的，孩子平时在家挺爱表达的。现在他这样，我们真是急。”

小均爸爸说：“老师，您刚才提到我爱说孩子，又问我们什么时候发现孩子这个毛病的。其实我也在琢磨，感觉和我们住在外边有关系。我们住外边后，和孩子在一起的时间少了，我老怕我们的教育跟不上，因此说孩子说得多了。

“说到这儿，我也想跟您说一下我爸妈的情况。他们帮我们带孩子，我特别感激他们。可是我爸在家里没有话语权，我妈文化程度不高，脾气很急躁，经常在家发火。”

小均妈妈插话道：“我婆婆性子急，孩子无论干什么，她都嫌慢。我原来也很急躁，后来开始调整，对孩子很多时候以鼓励为主。这样，我和婆婆之间就有了一些冲突。”她说完看了丈夫一眼。

小均爸爸拍了拍妻子的手说：“她这方面确实很用心，对待孩子比以前有耐心多了。我妈文化程度不高，带孩子还是用老一套，溺爱孩子。我怕影响孩子，看孩子有什么毛病就会赶紧指出来。我刚才坐在这儿想，我真是说太多了。平时我爱人提醒我，我还不服气，觉得自己是为孩子

由于孩子平时收到了太多限制性指令，当家长对孩子说“慢点儿说”时，孩子可能会认为“我刚才说得不好，我要努力说好”。这时，孩子可能越想说好，越说不好。

小均爸爸担心和儿子分开居住会影响孩子的教育，因而产生了焦虑情绪。而且，他将自己的焦虑通过言行传递给了孩子，孩子背负着过多来自爸爸的压力，自然无法“轻装”成长。

好。您刚才问我的问题，点醒了我。”

这是典型的隔代教养引发的问题。小均的“周末父母”，造就了他这样缺少父母稳定陪伴的“都市留守儿童”。

急躁的奶奶、焦虑的爸爸、没有话语权的妈妈……家人之间关于教育孩子的矛盾和冲突，都成为小均成长中本不该背负但又不得不背负的压力。

“孩子口吃的原因也许有多方面，但是如你们所说，我想这很大程度上和你们在外边住有关系。孩子每周有 5 天见不到爸妈，内心很惶恐。爷爷奶奶虽然和孩子很亲，但毕竟不能代替父母。而且，老人的很多教养观念、做法都可能和年轻的父母不一致。这样被老人养育的特殊的‘都市留守儿童’，会有很多被家长忽视的压力。当压力达到一定程度，会通过身体表现出来。”我说。

“家里有一个人总在催促孩子，而另一个人总在提醒孩子，这样会限制孩子的自主性。必要的规则要有，但过多的干涉会让孩子无所适从，自信心下降，习惯于看大人脸色行事。父母不在身边，孩子对自己的要求会变高，他希望用好成绩和好表现来‘讨好’父母，让父母满意……”我继续说。

小均妈妈听后流下了眼泪。她擦着眼泪说：“老师，您说得太对了，孩子的表现就是这样。我现在真觉得对不起孩子。”

我安慰她：“第一次当父母，有很多东西都要学习。在养育孩子的过程中，我们要边学习边成长。有问题并不可怕，重要的是我们能够看见自己的问题，并及时调整，寻求解决办法。”

调整的过程，从“意识到”到“做到”，并不容易。夫妻间相互提醒，很有必要。

小均爸爸重重地点点头，说：“老师，我们回去要好好想想，重新安排一下生活。哪怕大人再苦，也不能让孩子心理上受到影响。另外，我要努力管住自己，少说孩子。”之后，他转向妻子：“你提醒我，我保证不跟你发脾气。”

小均妈妈笑着说：“这可是你当着老师的面说的，你得记住，我提醒你时不能冲我发脾气。另外，你回去好好和妈谈谈吧。孩子现在出了问题，这时候和她谈比平时谈有效果。”

我不禁莞尔，赞赏他们的反思能力，同时告诉他们：“平时可以有意识地训练孩子说话慢一点儿；如果说长句不连贯，可以多说短句；孩子结巴时什么也不用说，安心等待；日常要多鼓励孩子。”

“好儿子，画得好”

我们去找小均，他已经画完画了，正和助理在模仿画中的角色，忙得不亦乐乎。见到父母，小均扭捏了一下，把画拿了出来。爸爸说：“好儿子，比爸爸画得好多了，回家咱们继续画！”得到肯定后，小均美滋滋地笑了。

几个月后，小均妈妈给助理发来信息，说她已经换了一份工作，有更多时间陪伴孩子，大家都在调整。更重要的是，她说，孩子口吃的状况有明显好转，请助理代她向我表达感谢。

写给家长的话

在很多大城市，由于生活和工作的压力，出现了很多“周末父母”，也出现了很多“都市留守儿童”。当家庭状况出现变化，由于得不到父母足够、恰当的陪伴与关爱，加上隔代教养的一些不可避免的问题，孩子出现了情绪或行为方面的问题。

对于多数家庭来说，子女教养并不是两个人的事，一个孩子可能会受到3～6个大人的关注。在很多家庭，老人会帮助带孩子，顺便担负起教养义务。但事实上，父母才是要承担教养义务的人。

如果父母无法做到独立教养孩子，那么所有相关人员要统一认识，共同成长，为孩子创造一个和谐、健康的成长环境。

面对孩子，心中有爱还远远不够，孩子的成长离不开父母的陪伴。孩子出现问题，可能意味着父母、家庭等出了问题。父母及时发现问题，调整自己，问题才能迎刃而解。

回应小测试：练习“夸奖”孩子

通常而言，有益的夸奖应包含以下这些内容：1. 赞赏的口吻；2. 描述自己所看到的或所感受到的（能听到大人的具体描述，孩子才能意识到自己好在哪里）；3. 询问孩子是怎么做到的。这样会激发孩子的自豪感和行动力。

请参照以下内容，练习“夸奖”孩子。

母亲节到了，你的孩子为你做了一张“亲爱的妈妈，我爱你”的卡片，上面画满了彩色的气球和心形图案，还贴有一些他平时很珍惜的小贴画。

请通过详细描述你的所见所感来夸奖孩子。

____

____

____

____

你平时是怎么夸奖孩子的呢？试着用这个办法夸奖孩子，并记录你对孩子的夸奖，以及孩子行为的改变。

事件 1：______________________________

夸奖：______________________________

事件 2：______________________________

夸奖：______________________________

事件 3：______________________________

夸奖：______________________________

生二胎带来的问题

——不管家庭如何变化，都要给孩子不变的爱

小测试

面对下边这些场景，你是怎么做的？

场景 1：孩子问了一个你不知道的问题。

你的反应：____

场景 2：孩子正兴致勃勃地跟你聊学校的事情，你的手机微信收到了一条新信息。

你的反应：____

场景 3：孩子特别开心地给你看他的手工作品，你并没看出他做的是什么。

你的反应：____

场景 4：孩子由于着急出门，忘收放在桌子上的日记本了。

你的反应：____

国庆假期后，小新已有 10 多天没去上学了，在家里一言不发，也不说为什么，就是不上学。

小新读初二，脸圆圆的，长得很可爱。被父亲带来咨询室时，小新绷着脸，一脸冷漠。

“突然要多出一个弟弟，我接受不了”

小新的爸爸打算和我先聊几句，被我制止了。我邀请小新先和我聊聊，她不情愿地答应了。

小新戒备地看着我。我关上门，告诉她：“在我这里，大人小孩是平等的。很多时候，我会先给小孩子一些机会，让他们先说说自己的心里话，因为他们在家里并不一定有机会说话。”

孩子保持戒备、对抗的态度时，是无法与我们一起工作的。

小新眼泪汪汪地说：“老师，我真的可以说吗？”

我点点头：“没问题的。我会认真听。”

“认真听”，既是态度，又是解决问题的开始。当然，这是说起来容易做起来难的事。

小新“哇”的一声大哭起来：“他们凭什么这么对我，他们凭什么要生弟弟，他们凭什么不征求我的意见！”

小新哭了很久，才渐渐平静下来，抹着眼泪告诉我，妈妈要生弟弟了，而她一直都不知道。国庆节期间，大家在家看电视，电视里有个男宝宝非常可爱，爸爸脱口而出：“咱们家也许很快就会有个可爱的弟弟。”小新很吃惊，追问了很久，爸爸才说，到时候就知道了。小新觉得不对劲，想单独问妈妈，可那天没找到机会。

小新抽泣着说：“第二天，爸爸又把大伯、小叔和他们的家人叫过来吃饭。本来爸爸说要带我去郊区，这下泡汤了。我一点儿都不高兴。我还听到大妈问我妈妈什么时小新在家里一言不发，而咨询室安全的氛围让她将压抑的情绪完全宣泄了出来。

候生。最近，我以为我妈胖了，没想到她怀孕了！他们要生二胎，凭什么不征求我的意见！我不是这家的一分子吗？我十几年来一直是家里唯一的小孩，突然有一个弟弟或妹妹，我接受不了！”

小新继续说：“他们这样对我，我也不让他们安生。后来，我就把自己关在屋里不出门，不和他们说话，每天吃饭时才出去。我气成这样，他们居然像没事人一样，轻描淡写地和我说怕影响我学习。现在这样才影响我学习呢！我根本看不进去书，上学有什么意思，我不上学了！”

遇到问题时，慌乱的孩子常常把不上学当成抗争的武器。

原来如此。

“我觉得生活乱套了”

马上要有个弟弟或妹妹，这对小新来说太突然了。我知道这孩子现在十分慌乱，她不知道怎么办，唯一能用的武器就是不去上学。

有正常人际交往的孩子，在家待久了会无聊。其实，很多不想上学的孩子都这样。他们只是在等一个台阶，或者自认为合理的结果。

“爸爸妈妈都上班去了，你不上学自己在家做什么呢？”我问小新。

“看动漫。其实也挺无聊的。”小新叹了口气。

“那么我们一起做些什么可以帮到你呢？”我问。

“我也不知道，”小新苦恼地摇着头，“我觉得生活乱套了。”

家长要邀请孩子一起解决问题。孩子是当事人，他要有自主解决问题的参与感。

“今天，你把憋在心里的话都说出来了，老师感谢你的信任。我想，事情总要解决。你回去好好想想，下次我们再交流，看看可以做些什么。另外，下次我想邀请你父母过来，可以吗？”我问。

“可以。”小新点点头。

我说：“其实你可以一边上学，一边解决问题。”

小新摇摇头：“我还没有想通，我不想上学。”

“那就自己在家学习，这样你再去上学时落下的功课也不会太多，可以吗？”我提议。

小新答应了。

孩子不去上学，父母无计可施，双方陷入僵持状态。这时适当的外力介入可能融化“坚冰”。

“你们征求我的意见了吗”

第二次咨询，小新一家三口都来了。

小新爸爸一坐下就客气地说：“抱歉啊！老师，孩子不懂事，给您添麻烦了。”

这是典型的家长式的发言，并没有考虑到孩子的感受。

“谁不懂事！”小新小声嘟囔了一句。

“孩子遇到了困难，我们一起想办法帮助她，不存在添麻烦这回事。”我说，“请你们一家三口过来，是想有一个大家当面沟通的机会。上次听孩子说，你们在遇到这事以后似乎并没有正面交流过。”

“他们从来都这样，一直把我当傻子，有事根本不和我交流！”小新愤愤地说。

“你这孩子，怎么说话呢！”爸爸呵斥道。

“我说错了吗？上次搬家，征求我意见了吗？让我上现在这个学校，征求我意见了吗？我在学校没有新朋友！我当了十几年独生子女，现在突然要有一个弟弟或妹妹，你们征求过我的意见吗？国庆节大伯他们来，你们要在家陪他们，取消了和我的约定，也不提前和我说！以前我

咨询室中呈现的家庭沟通形态，基本就是现实生活的翻版。小新与爸爸日常的沟通大抵就是这样。

小，你们说什么就是什么。现在我长大了，不是以前的傻子了！”小新的情绪开始失控。

爸爸面露尴尬之色，说道：“现在这孩子，怎么都这样！家里什么我都安排好了，就想让你好好上学，你操心这些事干什么？”

“从来都不考虑我的感受”，这是很多孩子的心声。权威的家长听不见孩子的声音，顾及不到孩子的感受。

“上学！上学！我生活中就上学一件事！你们从来都不考虑我的感受！”小新边哭边喊。

在很多家长看来，孩子的任务就是学习，其他事都由家长来安排就可以了。殊不知，孩子在社会生活中有很多事需要应对，成长发生在对各种事情的处理中，而不仅是文化课的学习中。

看着泪流满面的女儿，一直没说话的妈妈开口了：“听孩子这么说，我心里也特别难过。小新，你说爸爸妈妈从来不考虑你的感受，我只同意一部分。在咱们家，什么事都是你爸爸说了算，他也从来没考虑过我的感受。”

这家的每个人，平日里都没机会说出自己的心里话。

小新爸爸抬起头，有点儿茫然地看着妻子和女儿。

小新也愣住了。

“我好像做错了什么”

“好吧，既然孩子是因为这个心里不痛快，那我也借这个机会一吐为快。”小新妈妈说，“老师，小新爸爸来自农村，后来在北京发展得也不错，自己开了公司，之后把哥哥弟弟都带到北京来了。维护亲情这方面，他做得非常好。他这个人就是爱操心，结婚这些年来，家里的大事小情都安排得特别到位。可他就是有一方面让人很不舒服，家里所有事情都得他说了算。我和他刚结婚时为这事吵过好多次，后来我就烦了，索性睁一只眼闭一只眼，由着他。可是我心里也委屈啊！孩子说我们很多事不征求她的意见，其实我也经常是被通知的那一个。我知道，即使发生争执，最后还是要听他的。孩子有时候抱怨，为了避免吵架，我会站在爸爸一边劝孩子。”妈妈一边擦眼泪，一边说了这么多。

“妈妈和孩子都很委屈。小新爸爸，听到妻子和孩子这么说，你怎么看？”我问道。

小新爸爸搓了搓手，有点儿尴尬地说：“我只想着尽心尽力照顾好这一大家子，谁知她们竟这么委屈！现在看来，我好像做错了什么？”

“尽心尽力照顾全家人，却没有收获好的结果，你心里委屈吗？”我说。

“唉！”小新爸爸重重地叹了一口气。

小新爸爸没有回答我，这一声叹息却胜过千言万语。这家人个个委屈，到底是哪里出了问题？

“你似乎忽略了你家人的感受。比如，你觉得苹果好吃，就使劲给家人吃苹果，从没有想过她们想不想吃。你做决定时似乎没有和家人商量的习惯。”我说道。

“我只是觉得没有商量的必要。我想把好的都给她们。今天，她们两个人都这么说，我确实很意外。”小新爸爸说这话时，有些沮丧。

这段话看起来是不是很熟悉？小新爸爸的想法不是个例。看似将全家人放在了心上，却忘了照顾他们的感受。好在这次妻子和女儿的委屈，让他知道了他需要调整的地方。

“你觉得好的，我们不一定觉得好！”小新插话道。

“唉，以前家里条件差，我受了很多苦。现在，我只想让家人过上好生活，根本没想到还要顾及家人的感受。”小新爸爸这次没有责怪小新，一边给小新递面巾纸，一边说，“爸爸知道错了，以后咱们有什么事全家一起商量，好吗？我一定尊重你们的意见。”说这话时，他拍了拍妻子的背。

小新看向爸爸，满脸疑惑："画风变得这么快，你不会只是在老师这儿说说吧？"

爸爸又叹了口气，说："你们是爸爸最亲的人，爸爸说话算数。爸爸不是不明事理的人。"

小新的眼泪再次涌上来。过了一会儿，她看着我说："老师，下次我们还能一起来吗？"

"能啊，咱们一次不能解决所有问题，你们回去调整调整，下次我们再一起讨论。"

"怕爸爸妈妈不爱我了"

小新回去后就返校上学了，小新爸爸则努力试着调整自己，一切都在向好的方向发展。可是我知道小新的心结还没有打开。

第三次咨询时，小新眼泪汪汪地说："老师，我爸爸说我可能会有个弟弟。我担心将来爸爸妈妈重男轻女，怕他们不爱我了。我同学说，家里有了小宝宝，家里大人的目光都会被小宝宝吸引，我怕我会嫉妒。我该怎么办呀？"

孩子看上去是在和咨询师诉说，其实是说给父母听的。这时候，家长的态度十分关键。

听了孩子的话，小新的父母面面相觑。

孩子以不上学来抗争，虚张声势地叫喊，其实都是在掩饰她内心的不安和担心。

由于事情发生得太突然，父母又没有正面解释，导致孩子不愿意将自己的心事说出来。父母没有意识到问题在哪里，也不知道从哪里做孩子的工作。由此，他们的亲子关系陷入了不良循环。

所有人都陷入了沉默。

良久，妈妈开口了："小新，在家里我们只是告诉你小宝宝多可爱，不知道你有这么多担心。傻孩子，爸爸妈妈怎么会不爱你呢？之前爱你的方式有点儿问题，现在我们已经开始调整了。而且你放心，小宝宝出生后，我们对你的爱不会变。”

“对对，绝对不会变。”爸爸附和道。

如果早一些告诉孩子，孩子也许就不会有那么多担心和不安了。

“对不起，孩子，”妈妈走过去，抱着小新，“你担心的这些都不会出现。我们还不知道小宝宝的性别，而且我们一定不会重男轻女。爸爸妈妈一定不会忽视你的。”

比现在还多的爱

“小宝宝出生后，如果爸爸妈妈给你的爱和现在一样多，甚至比现在还要多，你还会嫉妒小宝宝吗？”我对小新说。

小新摇摇头，问我：“怎么还会多？”

我笑着说：“你看，爸爸妈妈，尤其是爸爸，现在已经在调整爱你的方式了，这样你感受到的爱肯定会更多呀。”

小新拉着妈妈的手，有点儿扭捏地笑了。

我邀请小新一家演示一下他们平时一起讨论问题的情景。

从咨询师的示范，到咨询室的演练，再到生活中的运用，只要勤于练习，他们一定能将这些内化到自己的行为中。

小新妈妈说：“老师，您在咨询时说话不太多，会很认真地倾听，会很尊重每个人，会让每个人都充分表达。这是最好的示范。我们家平时就缺这个，从现在起，我们要一起学习。”

咨询结束时，小新和我拥抱，她悄悄地在我耳边说：“老师，我的功课没有落下。”

写给家长的话

这是典型的中国传统式家庭。爸爸为家里人安排好了一切，却忽视了妻女的感受。

每个人的情绪积累到一定程度都会爆发，小新也不例外。她的负性情绪积累过多，终于爆发。妈妈要生小宝宝的消息，就是小新负性情绪爆发的触发点。

小新慢慢长大后，会追求平等，追求话语权。这是一个孩子正常的成长之路。

实际上，家庭中的每一个人，都需要这样的平等与尊重。

平等不是绝对的，有时候需要各方的妥协。

很多家庭的问题都没有多么复杂，问题多出在沟通上。如果平时注意营造好的沟通气氛，尊重每一个人，倾听每一个人的想法，也许很多问题都不需要借助外力解决。

回应小测试：尊重孩子

在家庭中，每个人都需要被尊重，孩子虽然年幼，但也是独立的个体，同样需要被尊重。

家长尊重孩子是孩子健康成长的重要保障。

尊重孩子的看法，有助于孩子积极思考。

尊重孩子的每一次尝试，可以让孩子更加勇于尝试新事物。

尊重与孩子的约定，可以教会孩子诚实守信。

如何与孩子相处？并没有标准答案。在做开篇小测试时，想象自己是孩子，代入到孩子的角色中，答案就不言自明了。

受伤的家庭，受伤的孩子

——孩子的问题可能是家庭的问题

小测试

家庭成员间的沟通很重要，在你家里大家通常都是怎样沟通的呢？

想想家里那些不同的沟通场景，也许会发现一些固定的模式。请简要记录。

夫妻沟通的时候，是怎样的？______________________________

____

____

____

妈妈和孩子沟通的时候，是怎样的？__________________________

____

____

____

爸爸和孩子沟通的时候，是怎样的？__________________________

____

____

____

小斌小学毕业后，进了一所重点中学读初中，可刚读了半年，他就跟家里人说不想再去学校了。他说，老师讲的东西没意思，全是为考试服务的。老师亲自到小斌家劝他返校，他也闭门不见。

孩子突然不去上学

所有对来访者的评估都要当面进行，仅根据家属反映无法做出适当的评估。

对于这些独自前来咨询的家长，帮助他们缓解焦虑情绪，给予一定的心理教育，也很有必要。

最初还好，小斌每天在家看书、学习，有时陪妈妈去买菜、散步。邻居们看到后，就会问他怎么没去上学。时间长了，小斌不再喜欢出门。渐渐地，他变得懒散起来，白天动不动就睡觉，晚上则熬夜打游戏，话越来越少，脾气越来越不好，有几回还和爸爸动了手。这些都是小斌妈妈告诉我的。

小斌妈妈约了我的咨询，她十分焦虑。

仅根据她的描述，我无法远程评估小斌的情况，只能侧面进行了解。这次，我只能帮小斌妈妈缓解焦虑情绪。

"我连哭的机会都没有"

小斌的妈妈看起来很朴实，她说孩子出生后就一直在家做全职妈妈，所以孩子和她特别亲。小斌爸爸是20世纪90年代的大学生，非常聪明，就是脾气不太好。由于单位效益不好，所在部门工作量不饱和，他一直赋闲在家。

小斌妈妈边哭边说："我的命怎么这么苦。他爸爸天天待在家，给我脸色看，现在孩子也这样。我文化水平不高，做不了别的，只好每天换着花样给他俩做好吃的。幸亏最近他爸爸有时会去单位，不然家里就闹翻天了。”

“家里有一个不上学的孩子，还有一个工作不稳定的老公，你作为家里的女主人，真是不容易啊！”我说道。

小斌妈妈哭得更厉害了。她的眼泪像断线的珠子一样流下来，她从自己的包里找出纸巾，不停地擦拭眼泪。哭了一会儿，她慢慢平静下来，抬起头看着我，说：“老师，谢谢你。我家的情况，我不好意思跟别人说。我连哭的机会都没有啊。”她突然看着眼前的废纸篓，说：“制造了这么多垃圾，太不好意思了。我一会儿出门时帮您带走。”

我的咨询室来过很多来访者，主动提出倒垃圾的也有，但不多。

我连忙说：“不用不用，我们有人收拾的，谢谢你。”

她又急急地说：“哎呀，真是不好意思。我没忍住，哭了半天。您听累了吧，快喝点儿水。”

从这些细节可以看出，这是一个很习惯照顾别人的妈妈。这样的人往往容易在无微不至地照顾别人中失去自我。

我笑了笑，先表达了感谢，之后对她说：“你在家就是这么无微不至地照顾他们爷儿俩的吧。”

她点点头说：“对，我爱干活，家里的事我都包了。”

“单就这点来说，他俩真幸福。”我说。

“是——吧——”她说这话时，有点儿犹豫。

我特意强调“单就这点来说”，小斌妈妈依然不能肯定回应，似乎她对自己对家庭的贡献并不那么确定。

每个家庭都有自己的秘密，我在小斌妈妈的神态中，嗅到了家庭秘密的味道。之后，我换了话题，想了解小斌在家的具体表现。

小斌妈妈说，孩子现在话少，有时高兴了能多说几句。她找小斌的同学来劝小斌，但小斌就是避而不见。不过他似乎也在想办法，有一天说想出去打工。最近小斌又在研究各种发明，提起发明来他还是挺开心的。

从小斌妈妈的描述中，我看不到小斌有抑郁症的明显表现。我提议还是想办法带孩子来，我见到人才好做评估。

小斌妈妈说："老师，我们孩子喜欢和有学问的人打交道。我若说来做心理咨询，他可能反感，不来。我能告诉他只是来找您聊聊天吗？"

"没问题的，我的评估就是在谈话过程中进行的。"我笑着说。

"我要在家保护我妈"

小斌在三天后跟着妈妈来了咨询室。他身高一米七左右，头发有点儿长，杂乱地贴着头皮。

小斌和我想象中的样子大相径庭，看起来很开朗。进门后，他礼貌地和我打了招呼后就迫不及待地说："我妈说你很有学问，我考考你吧。"

他拿出一张纸，在上边画满了各种格子和符号，之后高声地说这是他的数学发现。

不要轻易打击少年的"发明"或"发现"，这样的好奇心是非常宝贵的。

我耐心地和他周旋，努力不露痕迹地把话题从数学上慢慢引开，不经意地渗透一些关于他的未来的话题。对于我没有答出他的数学题，他虽然有点儿小小的不满，但很快就认真地和我交流起来。

我们谈天说地，我发现小斌并不是不想上学，对知识他有自己的想法。他是个科学型少年，很有天赋，只是缺乏一些正面的引导。

时间差不多了，小斌恋恋不舍地说："老师，我以后还能和你聊天吗？和你说话真有意思，比我在家有意思多了。”

我趁势说：“其实学校也很有意思呀，你可以和老师好好讨论，他们应该会帮到你。”

小斌在放松状态下，在对咨询师不设防时，不经意地说出了自己的心里话。

“不行，我不能去上学，我要在家保护我妈！”小斌脱口而出的这句话，震惊了我和他妈妈。

我想我猜到了这个家庭的秘密。

“保护妈妈？”我问。

“嗯，我爸打我妈。”小斌说。

我下意识看向小斌妈妈，她的身体像触电般抖了一下，她连忙打断小斌：“这孩子，这就是你不上学的理由？这算什么理由？你怎么不早说？再说了，大人之间的事，你一小孩，管那么多干吗？走，咱们赶紧走，别耽误老师时间。”

小斌不服气地说：“在家说了有什么用？他能听我的？还是在家看着他最放心。”

“走吧。”妈妈一边推着小斌往外走，一边给我使眼色。

过了一小会儿，小斌妈妈找了个借口匆匆回来告诉我，这两天她会打电话到咨询室约下一次咨询的时间，然后逃一般走了。

直指人心的家庭雕塑

小斌妈妈打电话过来时，我让助理告诉她，如果可以，下次和小斌爸爸一起过来。

到了约定的时间，两个人如约前来。

小斌爸爸看起来有些颓废，他不好意思地说："我怎么也没想到孩子不想上学是因为我和他妈妈的关系。"

小斌妈妈说："那天从您这儿走了之后，我仔细问了孩子。他说，有一次放学回家，他看到我胳膊青了一大块儿，问我怎么回事，我说自己碰的，他不信。后来，他发现：如果他在家，他爸常吼我；如果他不在家，我身上常有伤。所以他就决定不上学了。"说着，她又哭了起来。

夫妻二人日常的关系模式已经呈现出来，一个喜欢训斥对方，一个逆来顺受，是常态了。

小斌爸爸说："哭啥，咱这是来解决问题的，你哭能解决啥问题？"

小斌妈妈连忙擦了擦眼泪，调整了一下坐姿。

交流过程中，我发现小斌爸爸总是呵斥小斌妈妈。看得出，小斌爸爸已经很克制了，小斌妈妈总是一副逆来顺受的样子。

这是家庭治疗大师萨提亚开创的"家庭雕塑技术"，以略显夸张的身体姿态来表现沟通模式。这样的体验，通常特别能直击人心。

我邀请他们按我的示范来摆家庭雕塑。

我让小斌妈妈单膝跪地，头向上扬，两手一前一后向前举，同时看着上方。

之后，我又让小斌爸爸站起来，单手叉腰，另一只手指向单膝跪地的爱人，同时看着她。

我告诉他们，这两个姿势，一个是指责，一个是讨好。我问他们在家是不是这样，两个人一起点了点头。

我请他们保持这样的姿势不动。

只坚持了一小会儿，小斌爸爸的头微微动了一下，不再看他妻子。我让他继续坚持，但他不断地扭头。

小斌的妈妈早已泣不成声。她晃了一下，我伸手扶住了她。

咨询室里一片寂静。

我请他们互换姿势。小斌妈妈的手臂一直在晃，完全无法坚持。

小斌爸爸单膝跪地，双手向上伸。我看到他的眼神在不断躲闪，我轻轻地说："坚持一会儿。"过了一会儿，他的身体开始晃。我还没来得及去扶，他已经跌坐在地上，抱着头，开始呜咽。

过了半晌，我轻轻地问小斌妈妈，刚才做雕塑时有什么感受。

小斌妈妈流着泪说："累，我好累。我知道我文化水平低，配不上他这个大学生。他瞧不起我，我尽心尽力地为家里操劳，尽心尽力地照顾他。我真的是在讨好他，可是这些都打动不了他。我在家里，就像用人一样。"

"唉！"小斌爸爸长叹一声。之后，他低着头，慢慢地开口道："我刚才做'讨好'那个姿势时，很辛苦，心里难受得厉害。我一直觉得自己怀才不遇，婚姻上也没找到一个志同道合的人，再加上单位不景气，在家就特别爱发脾气。"

我提示他，可以面对自己的爱人说这些。之后，他抬起头，满脸泪痕，对妻子说："我不是坏人，我平常对你那些指责是不对的。刚才在做'指责'姿势时，我别扭得做不下去，我真的不是坏人。"

小斌爸爸站起来，对着小斌妈妈深深地鞠了一躬。"我在家什么活都不干，身在福中不知福。前几年我想到过离婚，但是这世上有几个人能像你这样对我呢？可是我越这么想，越觉得你所做都是理所当然。我真浑啊！我给你赔不是。"

小斌妈妈手足无措地看着我。我问她："你愿意接受你爱人的道歉吗？"

"愿意，我愿意。"她哭着说。

她起身扶起丈夫，两人抱头痛哭。

"当面向他们娘儿俩道歉"

他们两人平静下来之后，我告诉他们，目前小斌只是情绪有些低落，也许和在家待的时间长有关，如果有可能，还是要努力说服他回归学校。

孩子看到妈妈受到了不公平待遇，但没有足够的能力阻止父亲，只能用自己的方式来应对。

当然，最好的说服方式就是改善夫妻关系。小斌爸爸连连点头，说："孩子都这样了，我肯定改！"

随后，我们一起讨论了他们夫妻间可以调整的部分，鼓励他们努力找一些共同话题。对于小斌爸爸来说，还有一个很重要的任务，那就是学习控制情绪以及与孩子耐心地沟通。小斌爸爸说，其实他知道孩子聪明，也很想和孩子交流，可是孩子很烦他。

我问他："那你以后打算怎么办呢？"

孩子是不会无缘无故烦父母的。孩子烦父母，父母要试着找找自己的原因。

他想了想，说："我决定今天回去当面向他们娘儿俩道歉，请他们看我的行动，我说到做到！"

我提示他，可以多安排一些家庭活动，让孩子真的感受到父母关系的变化，他才能安心去上学。

小斌妈妈后来一直没有说话，只是走的时候拉着我的手，不断地说"谢谢"。

一个多月后，小斌妈妈又约了咨询。她说，现在全家人都在调整，随着家人关系的改善，孩子的笑脸越来越多。现在小斌和爸爸关系变得很好，他们经常因为一道难题讨论得难解难分，还一起讨论时事政治，像朋友一样。

小斌妈妈还说，她也正尝试着一点点建立在爱人面前的自信。

写给家长的话

小斌宁愿牺牲学业，也要在家保护妈妈。可见，他生活在一个有伤痕的家庭。

小斌不想上学，但问题的核心不在他。他只是在用看似极端的方式努力为家庭疗伤。

每一个家庭都有自己的故事，而每一个故事都会有不同的发展，以及不同的结局。

我们都要用心经营家庭，共情亲人的感受，尊重每一个个体。只要家庭还在，故事还在继续，一切努力都来得及。

回应小测试：沟通模式

有心理学家将家庭沟通归纳为讨好型、指责型、超理智型、打岔型和表里一致型五种模式。

- 讨好型。比如“都是我的错”“你喜欢怎么样？”“没事没事，你喜欢就好”等。
- 指责型。比如“都是你的错”“你到底在搞什么”“你从来都没做对过”等。
- 超理智型。理论先行，当事人说出来的话总是客观的、教条的、抽象的，很少涉及与人有关的感受。类似这样的话语有“人一定是要讲逻辑的”“一切都应该是有科学依据的”等。

● 打岔型。沟通漫无主题，抓不到重点。当事人常东拉西扯，甚至会说“我自己也搞不清”。

● 表里一致型。当事人语言中带有感受，可以表达自己的期待、愿望、不喜欢等，愿意聆听别人，能以开放的状态与人讨论。

前四种沟通模式都是不良的沟通，第五种是我们提倡的。

结合开篇小测试，想想看，你与家人的沟通以哪种模式为主？可以分别记录。然后，大家一起讨论。如果存在问题，要尽快调整。

__我__和______的沟通模式：____________________

__我__和______的沟通模式：____________________

__我__和______的沟通模式：____________________

不想开口说话的男孩

——建立强有力的家庭支持系统

小测试

让孩子想一想，他遇到困难时，通常会找哪些人帮忙？对于小一点儿的孩子，可以帮助他设想困难场景。

请孩子将他说的写下来或画下来，看看会有什么发现。

我在学校做心理工作时，有老师认为有些孩子需要做心理辅导，就会推荐到心理辅导室。不过，大多数孩子在这种情况下是心存胆怯或者不愿意的，他们害怕被批评。家长带孩子来寻求帮助时也一样，有些孩子十分抵触，担心咨询师和家长是一伙的，会共同对付他。因此，如果可能，老师或家长可以提前和孩子做简单沟通，让孩子知道：找心理老师并不是因为他“有病”，只是他遇到了一些困扰需要解决；心理老师不会批评他们，反而会帮助他们变得更好、更快乐。

我在一所小学做心理辅导时，三年级男生小默被班主任老师带到了“心灵小屋”，老师说他基本不说话，不仅上课不说话，下课和同学也几乎一句话不说。

“老师，再见”

小默是一个干干净净的男孩，身高和同龄人相仿。他进门后，看了我一眼，便一直低头看着脚下。

我问：“你是小默同学吗？”

他点点头。

我接着问：“老师跟你说来这里做什么了吗？”

他摇摇头。

我笑着对他说：“好吧，欢迎你来到我们的‘心灵小屋’。最近这段时间，你每周可以在这里玩一节课，我会在这里陪伴你。我先带你参观一下，你愿意吗？”

他点了点头，眼睛里有些疑惑。

我发现小默是一个对环境的安全感要求很高的孩子，他不敢像别的孩子那样明目张胆地观察环境。于是，我带他参观房间，想让他能够对心灵小屋有整体了解。

心灵小屋有一个情绪宣泄区，有橡胶人可以击打。我给小默做了示范，邀请他试一试。小默先是轻轻地碰了碰橡胶人，然后挥拳打了几下。我注意到他的眼神已经不怎么躲闪了，偶尔会快速看我一下。我问他要不要再玩会儿，他摇摇头。

情绪宣泄区

情绪宣泄区是心理辅导室的一个功能区。来访者在这里可通过击打橡胶人，在不伤害自己和别人的情况下，将激烈的负面情绪安全地宣泄出来。生活中，有些父母不接纳孩子的负面情绪，更不懂得帮助孩子排解负面情绪。殊不知，孩子的很多行为问题和情绪问题都是不良情绪长期积压造成的。给孩子提供一个安全的情绪宣泄口，对孩子的健康成长非常有利。父母要学会接纳孩子的负面情绪，甚至可以在家里提供让孩子有安全感的情绪宣泄方式和环境，让孩子及时排解负面情绪。

墙上挂有心理学挂图，我详细地给小默讲解，他听得很认真。他眼神中有光在流动，我意识到他不再像刚来时那样抗拒了。随后，我带他来到沙盘区。他看到架子上的沙具后，“啊”地叫了一声，瞪大了双眼，又飞快地扭头看我。

我告诉他这是沙具，他可以把沙具摆到沙盘里，自由地编故事、摆景物图，想怎么玩就怎么玩。我还告诉他，我就在边上陪着他，有什么问题都可以问我。

小默站在沙具架前观察了一会儿，之后小心翼翼地拿了一个沙具，同时看了我一眼，我笑着对他说：“没问题，架子上所有沙具你都可以拿。”他点点头，不再看我，专心地在沙盘里摆放沙具。

当孩子处于紧张、焦虑等情绪中时，尊重孩子的内心，给孩子时间，让孩子自在一些，可以帮助孩子放松下来。

从进门到现在，小默的紧张感一点点消除，眼神中的戒备已经消散。

小默在沙盘中将彩色石子、小兵人、动物、植物混在一起，一会儿挪挪这个，一会儿挪挪那个。

当孩子觉得环境安全时，他是有表达愿望的。

我问道：“小默，我猜你编了个故事，你愿意给老师讲讲吗？”

他摇摇头。

我说：“好吧，那你继续玩，一会儿时间到了我喊你。”

时间很快就到了。小默恋恋不舍地抬起头看着我，眼神中充满期待。我问他：“是不是还想玩？”他点点头。我说：“老师刚才说过了，这段时间你每周都可以来一次，下周再来，好吗？”他重重地点点头。

小默临走时，声音小小地说了声“老师，再见”。这四个字，轻不可闻，在我听来却是天籁之音。那一刻我真的很开心，我知道，这个慢热的孩子开始接受我了。

“等你准备好的时候给老师讲讲”

班主任老师告诉我，小默是这学期刚从湖北老家转学来的。开学已经两周多了，他很少说话。老师上课叫他回答问题他也不开口，急了就哭。现在任课老师都知道这个情况了，基本上没人叫他回答问题了。

我请班主任老师邀请小默的妈妈找时间过来谈谈，我想了解下孩子的成长背景以及在家中的表现。

小默妈妈因为工作忙，和我约好两周后面谈。

我第二次见到小默时，他依然不说话，不过，冲我笑了一下。我问他：“要不要继续玩沙盘？”他点点头，径直走过去，熟门熟路地开始玩。我还是告诉他，他可以自己玩，我在这里陪着他。

这一次，他的沙盘特别清晰，有房子、交通工具等，像是一座城市。我问他问题，他还是只点头、摇头。我说：“小默，老师想听你讲讲你创作的故事，故事没有对错好坏之分。不过，也许你还没有准备好。任何时候，你准备好了都可以给老师讲。”

他抬头看着我，嘴唇动了动，小声说“好”。

爷爷奶奶带大的孩子，其情感依恋对象自然是爷爷奶奶。父母在他们心中，只是熟悉的陌生人。当孩子离开爷爷奶奶与父母生活在一起时，孩子需要时间来适应新生活、新环境，更为重要的是，需要重建与父母的关系。

“爸爸妈妈和你在一起，我们会陪你面对任何困难”

第三周，小默妈妈如约来到“心灵小屋”。小默妈妈在北京生活快10年了。她告诉我，她在超市做收银员，小默爸爸在建材城工作，小默是农村的爷爷奶奶带大的。今年，他们才把孩子接过来。

没有陪伴孩子成长，与孩子的共同语言很少，甚至不太了解孩子，这样的父母想弥补的时候，很可能无所适从。这个时候，父母要接纳孩子的不适应，耐心地等待和陪伴孩子。

小默妈妈说："孩子不太适应现在的环境，很大的一个问题是他说话有地方口音。他怕别人嘲笑他，所以不爱说话。"

我问她："孩子在家里和你们聊天吗？"

"其实，我们孩子性格挺好的，就是慢热。我说出来也不怕老师您笑话，我们这些年每年也就能见他两三回，他和我们不太亲近。我们每次回家，刚开始他不太和我们说话。等孩子适应好了，我们又得走了。"她说，"这次也是，他刚来时老哭，说想爷爷奶奶，后来才好一点儿，但还是话少。"

我问，他们在家说家乡话还是普通话。小默妈妈说，都说家乡话。

小默妈妈说，小默在家一般不怎么说话。他们着急，但知道不能发脾气，只好忍着。他们都觉得以前亏欠孩子太多，想好好弥补，但又不知道怎么做。

我对他们能够控制住情绪、不发脾气的做法表示肯定。注意到小默妈妈的普通话已经没有地方口音，我问道："你可不可以试着在家里和小默一起读书？"

"可以。"她忙不迭地说。我告诉她，可以每天帮孩子复习和预习课文，和孩子一起大声朗读，在朗读的过程中，帮助孩子纠正发音。同时，和孩子商量，在家里交流时尽可能用普通话，给孩子提供一个练习语言的环境。当孩子有进步时，要及时鼓励。当然，所有这些的前提都是，要告诉孩子，爸爸妈妈会陪他面对任何困难。

她说："我们的父母从来都不表达爱，即便爱孩子，也只是在行动层面。所以直接表达感情的话我们不会说，而且也没这个意识。现在，我和他爸爸也想学着说点儿发

"爸爸妈妈和你在一起，我们会陪你面对任何困难。"这样看似平淡无奇的话，在孩子看来，却是世上最美好的语言，因为父母的爱是孩子坚实的后盾，是孩子力量的源泉。

在表达情感方面，很多家长都有些"羞涩"，因为在他们看来，表达情感是让人不好意思的事。于他们而言，关心可以写在脸上，可以表现在行动上，但是很难说出口。"做"当然比只"说"好，但既"做"又"说"，既有行为表现又有语言表达，岂不更好？所幸，随着社会的进步，越来越多的人意识到了这一点，开始有意识地进行调整。

“今天就开始”是一句特别让人欣慰的话。只有行动，才会有改变。

自内心的关心孩子的话。”

她把我的嘱咐记在手机上，说：“今天就开始，我和他爸保证好好陪孩子，照老师说的做。”

“你愿意我们帮助你吗”

我分享自己的故事，是想让孩子知道，在这个世界上，像他一样遇到窘境的人多的是。当收到这个信息，孩子心底的担心、害怕会减少很多。

小默第三次来到“心灵小屋”时，带了颗牛轧糖给我。我和他说话，问他是不是怕别人笑话才不开口，他点了点头。我拉着他的手，说：“在‘心灵小屋’，你可以自由地说话，不管用方言还是普通话，我都没有问题。因为我喜欢你，希望和你聊天。”

我给他讲，我第一次到外地上学时，我讲普通话，别人都讲方言，我不太听得懂，一星期都没开口说话，甚至有一次还在楼道里哭了。小默“扑哧”笑出了声。

从这一次起，我们开始聊天。小默会尽量用普通话和我说话，我让他慢一点儿，我们不急，慢慢聊。对于小默而言，这算是天大的进步。

对于家长而言，表达对孩子的欣赏，祝贺他取得进步，可以采用很多形式。有些时候，类似郑重握手这样仪式感很强的精神奖励，对孩子也会起到意想不到的激励作用。家长要发挥自己的聪明才智，针对孩子的情况，开发真正有效的激励方式。

我找了张漂亮的便笺纸，记录下小默的进步，请小默带回家给爸爸妈妈。我告诉他，我会和他的爸爸妈妈一起帮助他，请他回去转告父母，并让他们像我这样记录下他的点滴进步，下次来带给我。

我问小默：“你愿意我们帮助你吗？”

小默说：“愿意！”

他很开心。他自己可能都不知道，他走时说“老师，再见”的声音大了不少。

我告诉班主任小默的变化，并请她在班级里对小默多加鼓励。

在“心灵小屋”，我继续陪伴小默，鼓励他去尝试很多事，同时和小默的父母保持交流，对他们在这个过程中遇到的问题给予回应。

一张张小小的便笺记录了小默的进步：第一次和同学聊天，第一次回答问题，第一次当小组长……

那个不开口的小男孩一去不复返了。

写给家长的话

小默是典型的农村留守儿童。他离开熟悉的环境，来到陌生的地方，不知道要面对什么样的生活，有些不知所措。对小默而言，面对和过去全然不一样的生活，从混乱走向适应，需要时间，他很胆怯，不敢开口。

离开爷爷奶奶，来到熟悉的陌生人——父母的家中，和父母在一起，小默想亲近却又胆怯。他要试探，试探环境是否安全，试探周围人是否友善。他不开口，但会用眼睛观察，用心体验。

所幸小默身边的支持很到位。小默有爱他的父母，父母虽然面对问题时也会感到无从下手，但对孩子的爱让他们愿意担负起责任。他们为了孩子努力学习、努力改变。小默有负责任的班主任老师，她注意到小默面对的困难，主动向他提供帮助，推荐他做心理辅导，并且日常对他的进步加以鼓励。作为小默的咨询师，我的作用就是陪伴小默，让小默看到身边的资源——父母、老师对他的爱，帮助他逐步建立对人、对环境的信任，放下戒备。

当孩子遇到困难时，不要让孩子孤立无援，要帮助他找到可用资源，这是所有父母都应具有的意识。

回应小测试：社会支持系统

所谓社会支持系统，是指当我们需要帮助的时候，那些可以给我们提供帮助的人或机构。我们可以从中获得力量和资源。

如图所示，每个人都有自己的社会支持系统。

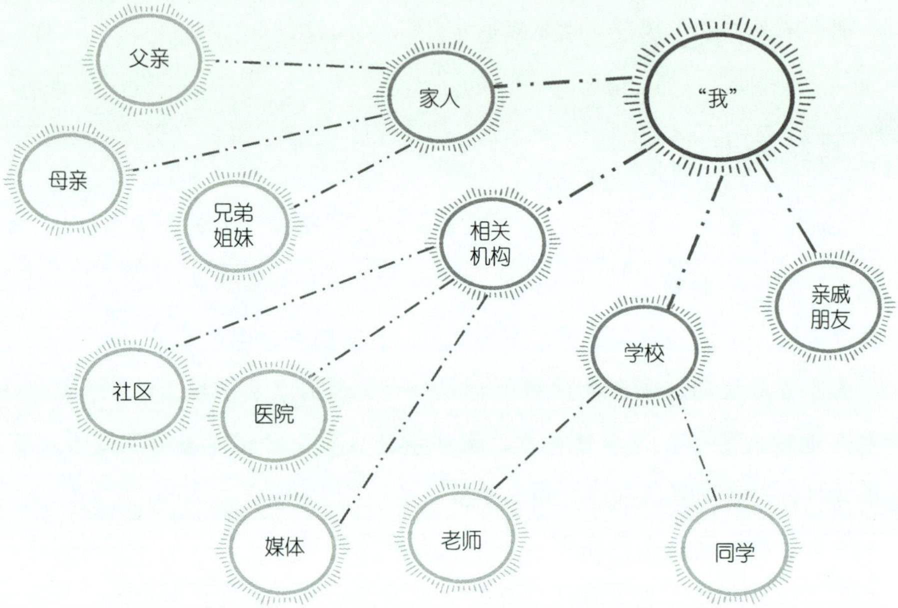

开篇小测试其实就是邀请孩子画出他的社会支持系统。可以请孩子画得详细些，比如直接写出好友的名字。可以加上重要的机构，甚至可以标明具体机构可以提供哪些帮助。

也可以以上图为蓝本，自行添加需要的内容。这张社会支持系统图会随着孩子的成长而发生变化。但始终不变的是，让孩子知道有困难可以找谁帮忙，他并不孤单。

第5章

给孩子有边界的爱

——看到孩子行为背后的心理动因

“不会说话”的妈妈和逆反的孩子

——在孩子面前少说一点儿“你应该”，少一点儿包办替代

小测试

你应该剪头发了。

你一回家就应该写作业。

你应该早睡早起。

你应该考进前三名。

……

这些是你在孩子面前常说的话吗？

你每天会和孩子说多少这样的话，请认真记录一下，记录一周。

小方坐在咨询室的等候区时不停地在玩手机游戏。跟着妈妈进了咨询室后，他也时不时拿出手机看看。

“我是管不了这孩子了”

小方妈妈训斥道：“你能不能不看手机！”

小方耸耸肩，把手机放在边上。

小方妈妈一脸无奈：“老师，您看，这就是他的常态。我是一点儿辙都没有了。明年就要中考了，他这状态，怎么考啊，可愁死我了！”

小方接过话：“你就爱愁，我爸怎么就不愁呢。”

“是啊，我没你爸心大！你爸什么时候管过你？”小方妈妈语气激动起来。

“你明明知道我爸工作忙，还这么说，有意思吗？”小方斜靠在沙发上，说道。

“你爸工作忙，工作就是一切！你的事全是我操心，到头来我还不落好！”小方妈妈气恼地说。

“我爸不凶我，哪像你，天天看我哪儿都不顺眼。”小方说着，又去摸手机，摆出一副不想再说话的样子。

“我是管不了这孩子了。他天天这样，谁也受不了啊！”小方妈妈沮丧地说。

这母子俩从进入咨询室开始就没有好好说过一句话。这就是他们现实生活中的样子。

“你说话不客观！”小方反驳道。

“小方，你和爸爸说话时是什么样子呢？”我问道。

“我爸和我虽然话不多，但我俩能好好说。”小方歪在沙发上说。

“也就是说，和爸爸说话时，你并不是这个样子。”我笑着说。

小方有点儿不好意思地坐直了身体，说："我爸就是我的天使啊，我一有进步，他就给我发红包！上次，我数学进步了，他奖了我500块。"小方美滋滋地笑着。

妈妈忍不住斥责道："那是什么爸呀！你数学考了60多，他一下就给了500块奖励！有这么当爸的吗？"

小方翻了翻眼睛，嘟囔了一句："你不给，还不让我爸给，真是！"

"玩游戏能带来成就感"

很多时候，家长总是希望咨询师能够站在自己这边，尤其是这种认为孩子"毛病不少"的家长。这时候，我们要先来看看孩子的"毛病"到底是怎么回事。

这家的家长在教育理念上有分歧。

我询问小方妈妈，他们对咨询有什么期望。

小方妈妈说，希望我能和孩子谈谈，让他改掉现在的毛病，以后好好学习。

"也许我需要先和小方谈谈，了解一些情况。之后，我们再来确定真正可行的咨询目标。你看可以吗？"我问小方妈妈。

"可以的，我希望他能和您说说真心话，我不知道他心里在想些什么。"妈妈说。

"我不能保证我愿意和你聊"，这是很多被父母带来咨询室的孩子的心态。他们从一开始就是抵触的，因为他们太熟悉大人的"论调"了。

妈妈出去后，小方在沙发上绷直了身体，戒备地看着我："老师，要了解什么呀？我不能保证我愿意和您聊。"

"随便聊一聊，全方位了解一下你的情况。因为我不能只听你妈妈说，我要尊重你。"我看到小方吁了一口气，身体往后靠了靠。

"我刚才看你在玩游戏，你在玩什么游戏？"我问小方。

“老师，您玩游戏吗？”他问我。

“我不玩，现在没有时间玩游戏。”我说。

小方笑了一下：“那我说了，您也不知道啊。”

“我只是听说过一点儿，不过你玩什么游戏并不重要，重要的是游戏能给你带来什么。”我说。

“快乐啊！玩游戏多爽！”小方大声说。

“除了快乐，还有别的吗？”我接着问。

“我想想啊，”小方想了一下，说，“成就感！我游戏打得好着呢！”

我笑着说：“看来你也有一颗向上的心啊！”

“当然了！”说到游戏，小方的自豪感溢于言表。他口若悬河地给我介绍他现在打的这个游戏。

游戏种类繁多，喜欢玩游戏的人，各有各的喜欢。了解游戏能给孩子带来什么，很有必要。

“一直以来她都看不到”

“那么，除了游戏，你的‘努力向上’有没有体现在其他方面呢？”我问。

小方一下像泄了气的皮球，说道：“这就是我妈不满意我的地方呀，她觉得我聪明，就是不上进。”他停了一下，接着说：“其实吧，我真觉得我尽了最大的努力，可是我妈就是看不到。一直以来她都看不到。”

“一直以来她都看不到”，从这句话中，我听到了小方的无奈和委屈。

小方给我讲了他的经历。小学四年级对他来说是个分水岭。那之前，他的成绩还是不错的，他尤其喜欢语文和英语。但是上五年级后，他突然不太能听懂数学课了，慢慢地对数学越来越没兴趣，成绩自然越来越差。那时父母工作忙，每天回家很晚，不怎么管他，他稀里糊涂就小学毕业了。

小方初一也是混过来的。后来，妈妈辞职了，开始全面监管他的学业，并请了家教。小方说，他基础太差，家教讲的他听不懂。他家为此花了不少钱，但效果不好。他不想学了，为此和妈妈大吵了一架。

夫妻教养方式不一致，会让孩子无所适从，不知道听谁的。现实生活中，孩子明显更喜欢教养方式宽松的家长，这是人类本能的趋利避害心理决定的。

小方说："我爸就是那种'空中飞人'，我们经常见不到他人影。关于我的学习成绩，我爸和我妈观点不一样。我爸管得松，觉得差不多就行，而且他有时还会和我玩游戏。可我妈完全不一样，她什么都管，天天凶我。您刚才看见了吧，她平时就这样。我知道她是为我好，生活方面她也特照顾我，可她那样说话我就是接受不了。我这就是逆反吧。"

我笑道："你说自己逆反？"

"是呀，我不能听我妈说话。本来想学一会儿，一听她说话，我就烦得不想学了。"小方说。

欠债太多，不知道从哪里开始

"对你爸不逆反？"我问。

"是的，他不怎么管我，我反倒会听他的。可是他忙，有时我一周都见不到他一次。所以我的学习劲头坚持不了几天。"小方说。

"看来你还是有自主学习能力的，只不过动力不太足。"我说。

"是呀，我能自己学习。当然我指的是我喜欢的那些科。比如，化学，因为不存在基础差的问题，我能学会，还挺爱学。”小方点头道。

“嗯，其实每个孩子都想追求进步，不过在追求进步的过程中会遇到这样那样的困难。你总结一下，你觉得现在遇到的最大的困难是什么？”我问。

每个孩子都想追求进步，在追求进步的过程中会遇到这样那样的困难。对于孩子的问题，家长可以试着帮孩子解决，而不是着眼于问题本身。

“我妈！”小方不假思索地说，“我觉得我妈要向我爸学习，好好说话，多给我物质鼓励。”

我笑了起来，说：“你的学习动力来自物质鼓励？”

小方挠挠头，有点儿不好意思地说：“一部分。”

“你之所以需要物质鼓励，是因为缺乏自信，没有上进的动力，是这样吗？”

小方想了想，说：“差不多是这样吧。有时我也想学，就是欠债太多，不知道从哪开始。”

“通过一些有针对性的努力，你若能提高成绩的话，你的信心也许会增强一点儿。那时，物质鼓励也许就不重要了。”我说。

小方狡黠地笑着，说：“虽然您说得对，但我还是爱物质奖励。”

如果能注意到孩子语言中正向的部分，还是可以看到调整方向的。

“不矛盾的。既有精神支持，又有物质奖励，岂不是更好！”我说。

“那敢情好，可是难啊！”小方老气横秋地叹了口气。

“困难当然有，但还不到绝境。一会儿咱们和你妈妈一起想办法，你愿意配合吗？”我说道。

“愿意。其实，现在这样我也别扭。”小方回答道。

“好，谢谢你愿意和我聊这么多。刚才我还担心你不愿意和我聊呢。”我开玩笑道。

没有人会抗拒建立在平等、互相尊重的基础上的对话，孩子也一样。

“啊！我怎么说了这么多，哈哈！我跟您说话没觉得有障碍，我都忘了刚开始不太想说了。”小方调皮地答道。

和游戏闯关一样完成每个小目标

小方已经习惯和妈妈对着干了。

看到妈妈殷切地等着我们，小方直接开口了：“妈，我跟老师谈得挺好的，不过老师并不是像你希望的那样劝我，你很失望吧？”

小方妈妈一时语塞，疑惑地看着我。

我简要和小方妈妈交流了一下，建议她做两件事：一是从现在起调整和小方说话的语气；二是和我们一起为小方的学习制定目标。

对于第一件事，小方妈妈面露难色，说：“学生不就应该好好学习吗？他不好好学习，我能不生气吗？”

将小方妈妈的“应该好好学习”替换成“希望好好学习”，传递的信息也发生了变化。

“是啊，你希望孩子好好学习，当这个希望落空的时候，你肯定有情绪。不过，你不调整的话，就会陷入一个恶性循环，无助于解决问题。”我继续说，“可以试着调整一下。行为调整是有一些方法的，你可以在愤怒时离开或做深呼吸。”

用别人的成功经验代替直接给出建议，更有说服力。

“孩子们发生冲突，往往会想到用拳头来解决问题。我会建议他们在动手之前倒计时 15 秒。这 15 秒是冷静时间。通常情况下，15 秒过后，他们会平静一点儿，避免了很多肢体冲突。”我说。

小方拍着手说：“这个好！我妈一吼我，我就大声给她倒计时！怎么样，妈？同意不？”

小方妈妈尴尬地笑了一下，说：“好吧，我试试。”

我冲她竖了个大拇指。

随后我们三人一起帮小方制定学习目标。小方妈妈纵是再心急，也认同“滚雪球效应”。我告诉她，每实现一个小目标，都会大大提升小方的自信，这会促使他继续往前走。若把目标定得太高，实现起来太困难，孩子可能会放弃。像滚雪球一样，一点点积累，每天前进一小步，终将会带来大改变。

我还请小方把每天定的小目标以及完成情况，记在一个专用的本子上。小方愉快地答应了。他说：“这不就和玩游戏闯关一样吗？我感觉我能做到。”

小方妈妈半信半疑地走了。

“我活了几十年，才开始真正学说话”

这一次，小方妈妈独自来了，还带来了小方写的纸条：“老师，我妈妈这周好多次都忍住了，我很开心。她不吼我，我就好好和她说话。我和我妈一起定的小目标，我也做到了。我觉得这种方法真好！我打算后边自己定目标，我有信心！所以我就先不过去了。我这几天因为要完成目标，没怎么玩游戏。我妈说她去咨询，我可以趁这个时间玩游戏。”

家长“吼”孩子，是非常常见的。其实，好好说话是可以解决大部分问题的，所以家长的情绪控制很重要。

小方妈妈感触良多。她说回去抱着试试看的想法，努力调整了一下，没想到作用那么大，至少上周两个人相处十分愉快。她说，改善了和孩子的关系，静下来想想，才发现自己和别人说话时也有问题，有时候得罪了人都不知道怎么得罪的。她还说，怪不得小方爸爸有时也嫌她烦。

随后，我们一起讨论他们夫妻对于小方的教育理念。他们之间最重要的矛盾在于：小方妈妈事无巨细地管孩子，小方爸爸由于太忙，就采用金钱鼓励的方式。小方妈妈很不认同，觉得这样会让孩子在金钱方面产生一些偏差。

我引导小方妈妈理解丈夫。事实上，如果小方爸爸在场的话，他对妻子的理解对妻子也非常重要。

我引导小方妈妈尝试着理解丈夫的心情，用合适的方式与丈夫沟通，并且可以考虑建立家庭成员协商制度。

此后，小方妈妈的咨询更多是在进行沟通方式的练习。她经常打趣地说："我活了几十年，才开始学习说话。"事实上，她真正"会说话"后，尝到了甜头，家里气氛越来越好。

小方在调整的过程中也有反复，中间也来做过咨询。改变的过程中有反复是正常的，只要总体是往前走就好。

写给家长的话

在家庭教养中，这家的夫妻二人跳着节奏不同的"双人舞"。妈妈严厉，爸爸宽松。小方选择了趋利避害。有类似情况的孩子常无所适从，不知道该听谁的，活得和小方一样辛苦。

家长对孩子的教养方式，与自己的家庭背景、成长环境有关。两个背景不同的人组成新家庭，在教养方式上达到平衡并不容易。沟通是调和矛盾的过程。沟通好了，夫妻间的"双人舞"才能步调一致。

当然，沟通背后的功课，需要做很久才能看到效果。夫妻双方，如果有一方能够先迈出改变的脚步，设身处地从对方的角度思考，有意识地学习和运用恰当的方法处理家庭关系，会带动整个家庭良性发展，从而引导家庭关系一步步回归正轨。如果夫妻同时改变，那自然是最优方案。

回应小测试：少说一点儿“应该”

“应该”这个词反映的是说话者的主观愿望，有发号施令的意思。

没有人总喜欢被教训。

父母表达方式的良性改变可以让孩子更愿意沟通。少说“应该”，说之前先听听孩子的想法，用“可不可以”“希望”之类的词来替换“应该”，你也许会收获意想不到的效果。

当然，不是完全不说“应该”，只是减少说它的次数。

梳理一下你在开篇小测试中做的记录，看看哪些是不用“应该”也能表达的内容，马上进行调整。这样坚持一段时间（比如一个月），看看与孩子的沟通有没有变化。

不想做只知道学习的“好孩子”的女生

——不要替孩子安排他的人生

小测试

今天，你和孩子谈话了吗？你们谈了多长时间？你们在什么场合进行的谈话？你们谈话的氛围怎么样？你们谈了些什么？请记录下来。你在谈话中有什么情绪、感想？也请记录下来。

小颖，27 岁，是一名在读博士生。正常的话她明年就可以毕业了，可是她现在每天都在想着退学。

“这样活着有什么意思”

小颖留着短发，穿着很中性。她说毕业论文还只字未动，她一点儿都不想写。她每天都不开心，不知道做些什么好。她说，自己不会说话，人际关系不好，长得不漂亮，又不会打扮，没有男朋友……说着说着，她说了一句：“老师，我这样活着有什么意思？”

类似“活着有什么意思”这样的话，有人是带着情绪在说，有人却是认真在说。对于后一种，我们应警惕，也许这是对方发出的求助信号。

我评估，小颖并无自杀意愿，只是眼前有太多的困难。我请她详细说说她刚才提到的那些问题。

小颖看着我，又是一丝苦笑：“所有地方都不顺，我也不知道从哪里开始说。”

“从哪里开始都行，没关系，我跟得上你的思路。”我说。

小颖沉默了一会儿，摇摇头：“真是千头万绪，还是您来问我吧。”

我请她讲讲她的成长史。

小颖说，她从小学习成绩好，老师喜欢她，有许多朋友，总之一帆风顺。如果非要说有挫折，她说，那就是高考没有发挥好，只考了一所普通高校。

小颖说：“我当时完全不知道要读什么专业，我爸给我选的专业。”

“我就是那种只知道学习的好孩子，”小颖皱着眉说，“我爸读到硕士，在他们那个年代很厉害。他跟我说，大学期间一定要好好学习，不要谈恋爱。我进了大学，果真没有谈恋爱，但是那个专业并不是我喜欢的。我爸说，不要转专业了，这个专业将来好就业。”

“我硬着头皮学习。我大三时，我爸让我考研究生，他说现在没有硕士学历不好找工作。然后我就考了研究生，学的还是我不喜欢的专业。”小颖说，“我硕士毕业之后，我爸说，不如一鼓作气读个博士，学历越高越好。我当时比较迷茫，也不知道除了读书还能干什么，然后就读了博士。”

这个一路听从父亲安排的孩子，读到博士时，终于有了自己的想法。

小颖哼了一声：“我爸非常高兴，逢人就说他女儿在念博士。可我就惨了，读硕士时就是混，根本不会做研究。读博士时就更抓瞎了，我一直想退学。我爸说，只要努力，肯定行。我也试着努力了，但还是不行。现在这个情况，我觉得我能不能毕业是个问题，我怕我坚持不到明年。”

“我恨我爸！”

“我在北京没什么朋友，和同学的关系也很一般。舍友去年结婚了，很少在宿舍住，平时宿舍就我一个人。我已经27岁了，连个男朋友都没有。我怎么把生活过成这样了？提起这些，我就悲——从——心——来——”她一字一句地说着最后几个字。

这个父亲可能没有想到，自己为女儿铺好了路，换来的却是女儿的恨。

“我恨我爸，他耽误了我，我觉得我之前的这些年都白活了！”

这是一个不能决定自己人生的女孩。她并没有明确的咨询目标，因为她不知道自己想要什么。陷入悲伤和怨恨中的她，已经没有能力思考这些。

我问她，爸爸是否知道她现在的真实状态。

小颖摇摇头，说："我还是不敢告诉他，他有讲不完的道理，而且脾气不好。从小到大我没有违背过他的意愿，我很怕他。"

"妈妈呢，你和妈妈关系好吗？"我问道。

"我妈听我爸的，我爸学历高，她崇拜我爸，认为我爸就是真理的化身，说什么都对。不过，她很担心我的终身大事。"小颖说。

小颖无助地看着我。

我再次感谢小颖的信任。我告诉她，在咨询师面前的讲述，除了可以宣泄情绪，还可以对目前的困境进行梳理。通过梳理，她可以想想自己期望在咨询中获得什么样的帮助。

陷入困境的小颖能够鼓起勇气走进咨询室，主动寻求帮助，值得我们为她点赞。

"我的生活都让你给毁了"

挺让人意外的，第二次咨询时，小颖和她父亲一起来了。

小颖不好意思地对我说："老师，我昨天没忍住，给我爸打电话时大哭了一场。我说我不想活了，他一早就飞过来了。听说我在做心理咨询，他非要和我一起来。我就带他一起来了。"

小颖的父亲神情紧张地说："老师，孩子昨天情绪非常差。她说不想活了，我和她妈妈担心得一晚上没睡好。家里还有老人需要照顾，她妈妈走不开，我一早就赶过来了。这孩子太拗了，到现在都不肯说为什么要说那样的傻话。我寻思，这肯定和写论文有关，但她也不至于不想活啊！听她说在做心理咨询，我想她不会是有什么毛病了吧。”

我向小颖爸爸解释，需要做心理咨询并不意味着有心理疾病。

小颖爸爸“噢”了一声，长吁一口气，神情缓和下来。

与父母有关的议题，父母双方或一方能参与解决是最好的。

我告诉小颖爸爸，小颖现在遇到了很多困难，他能来非常好。小颖爸爸云里雾里地点点头，说：“老师，听您的。”

我问小颖，前一天情绪那么激烈，是不是有什么事发生。

小颖看了父亲一眼，又看看我，下了很大决心，说：“好，我也不管什么面子不面子了，我就全说了！”

原来，每天无聊地打发时间的小颖，前段时间在网上认识了一个人，对方也是个在读博士。两人聊得很投机，小颖对他很有好感。那人隔三岔五和小颖聊天，每当和他聊天时，小颖心情会好很多。

小颖爸爸并没有考虑到女儿的痛苦。其实，这时候只要接纳女儿的情绪就好，并不需要急于进行分析或者提出解决办法。

前天，那个人说想看一下小颖的照片。小颖把照片发过去后，那人沉默了很久。小颖再发消息，发现自己已经被对方拉黑了。小颖的情绪瞬间崩溃，于是就有了后边给爸爸打电话的事。

听完小颖的话，她父亲突然笑起来，指着小颖说：“你这孩子，就为这个事？为这事就不活了？”

小颖突然吼起来：“你竟然还笑！我痛苦成这样，你还笑！我恨你！我的生活都让你给毁了！一直读书，有什么用！别说博士毕不了业，我将来可能都嫁不出去！”

小颖淤积了多年的情绪，被父亲刚才的举动激发出来了。以小颖的状态，即便没有这件事，她也会因为其他事爆发。

听着这连珠炮般的指责，小颖的父亲惊呆了。他用求助的眼神看着我，不知道自己错在哪里。

第一次平等交流

我请小颖平静一下，趁这个机会坦诚地和父亲说说自己的想法。

小颖今天一副豁出去的样子，一股脑儿把她的想法全倒了出来，末了还再次坚定地说想退学。

她父亲沉默了。良久，他对我说："我只想着学习的事她擅长，不知道她心里有这么多想法。今天她说了这么多，我一下子接受不了。"

我点点头，说："小颖很怕你，所以你们之间一直不能进行平等的交流。她内心积攒了太多情绪，一下子全表达出来，确实有点儿让人猝不及防。"

小颖父亲沉默了一会儿，缓慢地点着头，并"嗯"了一声。然后，他问我："她退学后想做什么？"我示意他对小颖说。

他立刻严厉起来，问小颖："你退学以后能做什么，你想过这个问题吗？"

面对女儿时，父亲习惯性地恢复了平日的严厉面貌。

"想过。"小颖倔强地看着父亲，"老师上次让我想想我想过什么样的生活。我特别认真地想过，退学后我要学化妆，学怎么穿衣打扮，学茶道，学插花，学一切我感兴趣的东西。我甚至想开个小店卖手工艺品。我还想出去旅行，接触真正的社会，过优雅的生活。"

小颖说这话时，神采飞扬。她父亲像不认识她似的看着她："我这么多年供你读书，就是想让你出人头地。你居然想开个小店，还向往这样的生活。你这些年辛苦念的书白念啦？"

"爸，你说对了一半。我这些年念书，很辛苦，因为那不是我喜欢的，我——是——在——为——你——读——书！”小颖几乎是咬着牙在说话。

小颖爸爸瞪大了眼睛说：“我一直觉得学习对你而言不是个问题，即便不喜欢，你也能学会。你要考什么就能考上，别人都羡慕得要命。现在，你要退学，我和你妈的老脸往哪儿搁？”

一边是女儿的不满，一边是自己的面子，这个父亲陷入两难境地。

“你们就想着自己风光！我在学校受这么多苦，你们怎么不替我想想？”小颖又开始激动。

“老师，我脑子有点儿乱，我到外边抽支烟。”小颖父亲站起身向外走去。

生活本来的样子

我对小颖说：“在我看来，插花、茶艺这些，不一定非要退学才能学。”

“是的，我也想过。我现在每天有大把的时间，完全可以去学这些。但我现在就是抵触上学，不想继续现在的生活，不想待在学校。我不想过别人安排好的生活。”小颖已经平静下来。我看明白了，她表达的是她的真实想法，不是气话。

小颖父亲回来了，他说：“孩子有这么多的委屈，从来都没说过。我真没想到。我不是不讲理的人，也心疼孩子，只不过退学这事是大事。小颖，我们能不能回去再商量？”

小颖马上拒绝道：“我不！就在老师这儿商量。回去的话，你三句两句又把我打发了。”

她父亲尴尬地笑了笑，说：“你爸在你眼里就是这样的人？我当着老师的面保证，这回咱好好商量，绝不和以前一样。”

我说：“你退学对爸爸来讲太突然，你给他一点儿时间。”

我对小颖父亲说：“小颖之所以这样想，是因为你们以前沟通的模式有问题。大家都要学习怎样做有效的沟通。回去后，你们父女俩在商量这事时，尽量保持平静的心态，充分倾听对方。父亲要放下父亲的权威，和女儿平等交流。”

我用“商量”一词，再次提示他们不管遇到什么事都要商量。

小颖父亲说：“肯定有困难，但我愿意改。今天我很震惊，我真的心疼孩子。我让孩子提醒我，要不然我把这几点写在本子上。我俩商量时，我不时看看，提醒我自己。”

小颖父亲说的是实情，他一和小颖说话就变得十分严厉，想要改变确实很困难。不过，他还是愿意调整的，这点非常值得肯定。

小颖迟疑地点点头，说：“那就试试吧。”

我告诉小颖父亲，小颖之所以在我这里能够敞开心扉说心里话，是因为我能尊重她，很好地倾听她。

为了缓和一下紧张的气氛，我笑着说：“这是我的秘籍，我赠送给你，你要好好用哦。”

小颖父亲竟然拿出手机，认真地记下了。

后来的情况大致是这样：经过多方协商，小颖办了一年休学。她出去游历了几个月，交了一些朋友，体验了她想体验的一部分生活。回到北京再来找我时，她有了很大的变化，穿着裙子，长发披肩，脸上化着淡妆，我险些认不出来。

当然，她也遇到了很多新问题，甚至还闹了一些笑话。但她很开心，认为这才是生活本来的样子。她说她学到了很多。

我们讨论学业的问题时，她不再有那么大的抵触情绪。小颖最后决定回到学校，完成学业。

后来的某一天，我收到一张贺卡，寄件人是小颖。她在卡片上说，她毕业后找了份不错的工作，正在谈恋爱。

我在心中默默地祝福她，祝她一切安好，真正过上自己想要的生活。

写给家长的话

有一些父母，以爱的名义，想当然地安排孩子的生活。孩子退到无路可退，偏离正轨时，他们才幡然醒悟，才知道从来未曾给孩子选择的教育方式多么可怕。

孩子不是父母的所有物，他们有血有肉有思想，他们需要尊重。有一定自主能力，对一个人的人格健康发展至关重要。所以，不要替孩子安排他的人生，而是要做孩子身后永远的、温暖的后盾。

对父母来说，这说起来容易做起来难。越来越多的“小颖”已经开始抗争。那么，家长是否可以未雨绸缪，多给孩子一点儿空间呢？

回应小测试：提高共情能力，了解孩子的需要

在教育界，有这样一个倡议：“今天你和孩子谈话了吗？”

这个倡议有以下三个要点：

1. 父母要多花点儿心思观察孩子，并且每次和孩子的谈话尽量不少于 7 分钟。

2. 在观察和谈话中不要带有任何偏见。

3. 从对孩子的言谈与行为的观察，了解孩子的需要、兴趣，从而提供及时的帮助和教育。

需要补充的是，父母在谈话中如果看到孩子有情绪，要试着去理解孩子。这里要提到“共情”这个词，从字面来看，共是共同，情是情绪情感。共情的意思是，站在对方的角度，体会和对方相同的情绪感受。

这点确实很难做到。同样的一件事，父母常常站在成年人的角度考虑，只想“为孩子好”，而忽略了孩子的情绪感受。

和孩子拥有完全相同的情绪感受的确太难了，但父母可以尽量去体会，体会自己在孩子这么大时如果遇到相同的问题会有什么情绪。如果能做到这一点，那么父母的共情能力就会大大提高。

开始和孩子谈话吧，可以在陪孩子上下学时，可以在吃晚餐时，可以在任何你觉得合适的时间。内容不限，父母尽可能都参与进来。

若能长久地坚持，你一定能够拥有温馨的亲子关系。

通过自我伤害来换取自由的男孩

——给孩子有界限的爱

小测试

家庭生命周期指一个家庭从形成到解体的过程（此处特指有子女的家庭）。家庭在生命周期每个阶段都有相应的任务。

1. 年轻人离开原生家庭：需要担负情感和经济层面自立的责任。

2. 组成新家庭：致力于新家庭的建设。

3. 孩子降生：做好各方面准备，接受新成员进入家庭系统。

4. 拥有儿童、青少年的家庭：增加家庭的弹性，以接纳孩子的独立和祖辈的衰老。

5. 孩子离家独自生活：重新开启二人世界。

6. 步入晚年：接受代际间角色的转换。

你的家庭现在处于哪个阶段？可能会遇到什么问题？试着写下来，并正视这些问题。

小峰想自杀，庆幸的是他没有实施。危机解除后，我见到了他。他是个胖胖的男生，正在读大学三年级，面色苍白，神情黯淡，浑身散发着颓废的气息。

“难道我的自由必须用生命来换取”

小峰说：“我赌了一把。难道我的自由必须用生命来换取吗？我没有别的办法。”

“赌了一把”表明小峰要用自杀这样极端的行为为自己争取些什么。若非无奈，一个人是不会走到这一步的。

小峰给我讲了他的成长经历。爸爸在外地工作，妈妈非常严厉，所以小峰一直是个听话的孩子。小峰从初三开始试着反抗，每次都被无情“镇压”。小峰说：“我妈的眼泪就是最大的武器。我不想让她哭，虽然我知道有时候她并不是真的伤心。她知道我的软肋。”

高考时，小峰坚决报考外地的大学，他甚至采用了绝食的招数。妈妈最终让步，条件是小峰只能到距家车程一个多小时的北京上大学。这已经是很好的结果了。高考后，笼中鸟一样的小峰“飞”到了北京。

“虽然我知道有时候她并不是真伤心”表明，小峰其实什么都明白，只是不愿意明说而已。

然而，小峰只开心了几天。妈妈定了规矩，每天晚上都要和他视频通话。每逢周末，妈妈会开车过来接他回家。那以后的大学三年期间，如果小峰有事不能回家，妈妈会住在学校附近的酒店，照顾小峰的生活起居。

小峰苦笑着说：“我以为上大学后就自由了，结果完全不是如此。”

大三时，小峰的很多同学开始为未来打算，小峰想出国。但他的想法遭到了妈妈的强烈反对。妈妈放出狠话：“你要出国，行！我卖房跟你走。你去哪儿，我跟到哪儿！”

一个时刻想逃，一个紧追不舍。这对母子“乐此不疲”地玩着“你追我逃”的游戏。

小峰一点儿办法都没有。这一次，父亲也没有站在他这一边。孤立无援的小峰只好用最后一招——自杀。

“我只想拥有自己的生活空间”

小峰当然没有自杀成功。

自杀的目的达到了，可是问题并没有真正解决。

小峰有点儿刻薄地说：“我妈吓坏了，她同意我出国了。可是她哭得像我真的死了一样，她说怎么也想不明白，我怎么会这样。”小峰依然有强烈的情绪。

我惊讶地了解到，小峰竟然和朋友成立了一家广告公司，并且已小有盈利。我惊叹于这个处于重压下的孩子的能量。

我问他，这件事情父母是否知道。小峰摇摇头：“这是我N个秘密中的一个大秘密。不过无所谓了，我可以告诉他们。其实，我并不想死，我只想拥有自己的生活，为什么这么难！”小峰看着天花板，喃喃地说。

“我爱孩子有错吗”

随后，我见到了小峰的父母。小峰妈妈的眼睛肿得像桃子，她一开口说话就会控制不住地哭。她愤愤不平地诉说自己的不易。这种不易并不是来自经济方面，而是来自独自带孩子的艰辛。除了工作，她把所有心思都放在孩子身上。

小峰妈妈所说的“生活不易”，听起来更像对小峰爸爸的控诉。

小峰爸爸坐在旁边，一言不发。

我找了个合适的时机，小心地打断了小峰妈妈的诉说：“我听到一个负责任的妈妈的心声，很为您的付出感动。”

小峰妈妈说：“谢谢您，老师。小峰出了这事，大家都指责我，说我管孩子太多，把孩子管出毛病来了。可是，我爱孩子有错吗？别人不理解我也就算了，为什么连我的孩子都不理解我！”

“这样的事是我们大家都不愿意看到的，所幸没造成什么不好的后果。我们正好有机会共同面对小峰的问题。”我说，“小峰今年多大了？”

小峰妈妈想都没想，脱口而出：“21 岁。”

“21 岁的男孩子通常是什么样子？”我说。

“21 岁的人，在旧社会都当爹了。”一直没有说话的小峰爸爸开腔了，“没有这么管孩子的！”

小峰妈妈又激动起来：“你管过几天？我辛辛苦苦把孩子带大。现在他出问题了，你来说便宜话！”

小峰爸爸无奈地看了我一眼，摊摊手，说：“老师，你看，她就这样。我确实有责任，以前在外地工作，教育孩子方面插不上手。”

我问小峰妈妈：“您认为 21 岁的男孩是什么样？”

“21 岁确实不算小了。可是，老师，我没有这个概念，他再大也是我的孩子。我管他是因为怕他走弯路啊。”妈妈说。

“的确是这样，在父母眼里，孩子再大也是孩子。”我说。

孩子出了状况，所有人都处于情绪激动的状态，这时候的互相支持远比互相指责要好得多。

父亲在家庭教育中的角色非常重要。小峰父亲需要学习如何与孩子相处，而不是逃避——“插不上手”。

“多管一些，想让孩子少走点儿弯路”，是很多家长爱孩子的方式。但是很多家长只想着为孩子好，却没想到自己错位的爱会耽误孩子的成长。

“我想摆脱”

“我想邀请你们做个游戏，这也许有助于我们解决问题。”

小峰的父母对视一下，点了点头。我请妈妈扮演小峰，爸爸扮演妈妈。

我让“妈妈”闭上眼睛，真正投入妈妈的角色。我递给“她”一卷纸，请“她”将纸紧紧地缠在妈妈扮演的小峰身上，同时模仿妈妈平时管教小峰的样子。

“妈妈”从“小峰”腿部开始缠纸。每当“小峰”挣扎时，“妈妈”就会柔声地说：“这都是为你好啊！”“妈妈为你付出了这么多，你就不能体谅妈妈吗？”“听话，让妈妈少操点儿心！”等等。

这样的活动，比言语更有力量。

随着纸越缠越多，“小峰”挣扎得越来越厉害。终于，“小峰”忍不住了，哭了出来。

我们把纸慢慢解开。我请小峰妈妈坐下来休息一下，并问她：“作为小峰，你刚才感觉怎么样？”

她抽泣着说：“窒息、束缚、难受、想摆脱……”

我又问小峰爸爸，作为“妈妈”，他做这些动作时感觉怎么样。他说：“很辛苦。我体会到了孩子妈妈的辛苦。”

男性通常更疏于表达，尤其是情感的表达。因此妻子经常有得不到关爱、不被看到的感觉。这在很多家庭都比较常见。

我问：“你刚才这一句可不可以直接向你爱人表达？”

他坐过去，拉着小峰妈妈的手，说：“你为孩子做了那么多，太不容易了。平时咱们一说到这事就吵架，我心里有这句话，也说不出来。”

小峰妈妈一下子失控了，捂着嘴，身体剧烈地抖动着。小峰爸爸拍拍妻子的背，我看到了他眼里的泪光。

我说："刚才我们缠的不是纸，是爱，是妈妈给孩子的无穷无尽的爱。"

他们两个人沉重地点点头。

休息了一下，我问两人愿不愿意互换角色体验刚才的游戏。小峰妈妈摇摇头："老师，我不想。平时听了那么多教育理论，说实话，我总是有意无意屏蔽那些我不爱听的，我觉得理论不能涵盖全部。我养育孩子的大前提是：我不容易，我要好好爱我的孩子，让他少走弯路。刚才的体验，让我刻骨铭心。"

"我的孩子太可怜了，"小峰妈妈继续说道，"难怪孩子要以死相逼。唉，我糊涂啊！"

小峰妈妈付出多年，如今才得到丈夫的认可。她的情绪可想而知。

孩子有自己的未来

我说："你们知道小峰和同学一起开了个公司吗？"

"啊？他到底还是开公司了，有没有赔钱？"妈妈下意识地提高了声音，随即又恢复常态，有点儿不好意思地说，"看我，我都习惯了。他有一次跟我们提起过，我没同意。我认为学生的主业是学习，创业要等毕业后，没想到他还是瞒着我去做了。"

小峰爸爸拍了拍她的手，说："孩子想做就让他做吧，赔了赚了不要紧。不管结果如何，这也是一种经历。"

妈妈"嗯"了一声，没再说话。

小峰爸爸轻声笑了一下，对我说："老师，这是我们这些年在孩子的问题上交流得最好的一次。"

所谓危机，既是危险，也是机遇。经过小峰的事，父母也有了新的成长。

小峰妈妈也不好意思地笑了。

我笑着对小峰妈妈说："你平时不爱听理论知识。今天我想给你讲点儿理论知识，不知道你听不听得进去？"

"能！能！"她连声说道。

我们三个人都笑了。

我告诉他们，发展心理学认为，人在成长的每个阶段都有不同的发展任务。随着孩子的成长，家长提供的帮助要慢慢变少，这样孩子才能茁壮成长。父母的眼睛一直盯着孩子，一直不肯放手，对于孩子来说，不啻一场灾难。

经过调整，爸爸在家庭中的位置似乎有了新的定位。

我说："妈妈刚才表现得特别好，以后在家里爸爸要多加提醒。今天的体验也可以和孩子分享，我想他会很开心。孩子并不想失去生命，相信你们的改变会让他热爱生命、热爱生活，更爱你们。"

"我们一定会努力的，老师。"爸爸抢先说。

小峰的爸爸妈妈走出咨询室后，很快又回来了，然后对我深深鞠了一躬。妈妈含着眼泪说："我俩商量了一下，只能用这种方式来表达对您的感谢了。感谢您帮助我们全家，尤其是我俩。我们其实已经很久没有正常沟通了，现在感觉两个人的心又近了。"

这真是最美好的感谢。

写给家长的话

可怜天下父母心。没有不爱孩子的父母，可是为什么会有那么多的家庭悲剧？是爱的方式出了问题。

小峰的妈妈太爱小峰，过度的爱变成了控制。由此产生的窒息感，逼得小峰甚至要在生命与爱之间做出选择。

爱是要有界限的。孩子出生后很长一段时间会被父母抱在怀里，长大后要学走路时若再被抱在怀里就永远学不会独立行走。随着孩子长大，要让他独自往前走。他知道，父母站在他身后，是他坚实的后盾。这才是好的亲子关系。而好的夫妻关系，是好的亲子关系的基石。

回应小测试：家庭生命周期

在家庭生命周期的任何阶段，我们会看到，当孩子发展到一个新的阶段，如离开幼儿园、进入青春期等，不是只有孩子需要学习适应新环境，整个家庭都必须调整、适应。因为，任何变化不仅会对孩子造成影响，也会给父母和其他家庭成员带来影响。

因此，清楚地认识到家庭在生命周期各阶段可能遇到的问题十分重要。

结合开篇小测试，你认为自己能为解决这些问题做些什么，请写在下面。

____

____

____

嘴巴和耳朵有“开关”的女孩

——让孩子按自己的节奏成长

小测试

每当孩子遇到问题时，家长都期待孩子改变，期待孩子改变后问题解决了的状态。可是，改变的过程又是漫长的，是困难的。

这时候，你通常会怎么做？请简要记录，比如你的情绪、想法、行为、对孩子的态度等。

小雨妈妈看起来非常能干，一进咨询室就开始不停地诉说她对小雨的担心。她说小雨马上要大专毕业了，可找工作一点儿都不主动。总之，她滔滔不绝说了好多。

我暗自观察，小雨高高瘦瘦，留着短发，进门后便面无表情地坐在沙发上。

我请小雨妈妈停一下，我要确认她们咨询的目的。

小雨妈妈说："我觉得我们孩子有问题，她不找工作不行啊。希望您能帮帮她。"

小雨的面无表情，在我看来，就是两个字——抗拒。

小雨一副事不关己的样子，依然面无表情。

"我不知道说什么"

我说："好，刚才听您说了一会儿，我现在想听听孩子怎么说。"

"好，"小雨妈妈扭头对小雨说，"你心里怎么想的，和老师好好说说。"

"啊？你说什么？"小雨茫然地问。

小雨显然走神了，没有听到妈妈说什么。

"这孩子，老师说的你没听见吗？你心里怎么想的，给老师说说。"妈妈重复了一遍。

"我不知道说什么。"小雨爱搭不理，小声说道。

"老师，这孩子就这样，不爱说话。"妈妈连忙说，"我再给您补充一点，她自小上的都是很好的学校，可是她一直不太能跟得上。后来她上了个大专，我觉得挺好的，可她就是不上进。她也没什么朋友，这样不行啊。"

女儿已经要大专毕业了，妈妈还当着外人的面一直这么说女儿，完全没有顾及女儿的感受。

我再看小雨，她动了动，把身子别了过去。

小雨妈妈这样说小雨，我觉得小雨会不舒服。我再次小雨的身体语言其实已经表明了她的态度。

温和地打断她，并希望和小雨单独谈谈。

小雨妈妈不放心，一步三回头地出去了。

逆境中长大的孩子

我判断小雨听到了妈妈的话，只是她不想回应而已。所以我就直接问她其中一项内容。

妈妈出去后，我问小雨："妈妈刚才说你没有努力找工作，你怎么看？"她说："她怎么知道？您别听她的。"

小雨告诉我，她学的是平面设计，不过她的兴趣在动漫，所以她在找动漫方面的工作。妈妈做什么都比较快，而她是个慢性子，所以妈妈总是看不惯她。

我和小雨谈她的学校生活，了解到她和大学同学关系不错。小雨还给我讲他们学校的趣事，看上去很开心。

母女沟通由此可见一斑。孩子不说，妈妈只能依据自己的观察来判断，这样的观察是不是孩子的真实情况就不好说了。

我有些疑惑："妈妈是不是不太了解你在学校的生活？"

小雨说道："我不告诉她，她当然不知道了。"

"那你知道她对你的期望吗？或者，你觉得她带你来咨询是想达到什么目标？"我问。

"我真的不知道。不过我觉得和您聊天挺开心的。我平时在家话少。"小雨说。

"我看妈妈挺健谈的。"我说。

"嗯，我们家的话都让她一个人说了。"小雨说。

"爸爸也不爱说话吗？"我问。

"我爸？我讨厌我爸！他天天没事就在家待着，我也不知道他在捣鼓什么。我只要在家，他就让我干活，买菜做饭都是我的事。他还老嫌弃我，说我这不好那不好，以前还打我。哼！我在家尽量不和他说话！"

“看起来你和妈妈交流多一点儿。”我说。

“我俩会说话，有时我也给她讲点儿好玩的，但她太能干了，一直嫌弃我。老师，比起别的孩子，我长这么大真挺不容易的，我简直就是逆境中长大的孩子。我妈在外面一点儿面子都不给我留，我习惯了。”小雨有点儿调皮地说，“我有两个本事，我的嘴巴和耳朵都有‘开关’。我妈说我，我就把耳朵关上。她让我说，我就小声说。”

在外人看来，小雨从小读好学校，家境也不错，看起来没什么问题。可对小雨而言，她的生活充满逆境。原来很多时候小雨传递给父母的信息都是假的。

每个孩子都希望得到认可，都需要自信，特别是来自父母的肯定。我看到了小雨的不容易，也看到了她隐藏的渴望。

“希望父母别总嫌弃我”

我问小雨：“如果奇迹发生，你们家三个人的关系变成了你理想的样子，你觉得那会是什么样？”

小雨看了我几秒钟，夸张地笑了：“老师，您开玩笑吧！我家怎么可能发生奇迹？”

我说：“可以试着想想，万一真有奇迹发生呢？”

“我的理想很简单啊，他们就像别人家的爸爸妈妈一样，跟我是朋友，别总嫌弃我。”小雨不假思索地说。

“关系的改善需要大家一起努力，假设父母可以做出改变，相应地，你会做出什么样的改变呢？”我问道。

“只要他们变了，我自然会变。”小雨说。

“如果奇迹发生……你觉得可能会是什么样子？”这样的“奇迹问句”先预设问题可以解决，再引导当事人从中寻找解决问题的线索。家长可以学着使用这样的解决问题的思路。

小雨的反应很正常，几乎每一个听到这种问句的人都会有这样的反应。因此，在使用奇迹问句时，提问者要坚信奇迹会发生，如此才能将问题进行下去。

引导小雨将她说的“我自然会变”落到实处，让她具体说说她会做出怎样的改变，有利于她接下来的具体行动上的改变。

“其实我还是希望你能说得具体一点儿。”我说。

“真要那样，我就让我的‘开关’全部作废，让他们看到一个真实的我。”小雨认真地说。

“好！”我和小雨约定，一起为奇迹的发生而努力。

我邀请小雨和我一起与她妈妈谈，她谢绝了我，说自己不太好意思，要再等等。小雨还没有做好准备，那就再等等。没关系，等她准备好再开始。接纳孩子的感受，静待花开。

“这孩子怎么能装这么久”

孩子的表现和自己以前看到的完全不一样，妈妈一时接受不了，这是再正常不过的反应。其实，很多孩子在家和在外完全是两个样子。家长是不是真正了解孩子，从这些细节也可以看出来。

小雨妈妈再次进来时，急切地问我：“老师，你们谈得怎么样？”

我说：“我们只谈了一会儿她找工作的事，另外谈了她的大学生活、整个状态等。但我有一个非常重大的发现，小雨刚才和我谈话的状态和你在场时完全不同！”

不出所料，小雨妈妈非常惊讶，甚至有点儿慌乱，喃喃地说：“不会吧？怎么会这样呢？”随即又提高了声音说：“这孩子怎么这样！”

我请小雨妈妈稍微平静一下，想一想可能的原因。

她没有多想，急急地对我说：“老师，我觉得这孩子反应慢，我操碎了心。我以前什么事都给她安排好。现在她大了，我们想着不能再这样下去了，不然她以后不能自立，就想让她自己努力找工作。可是她又不动，急死人！现在您发现这么一个情况，这到底是怎么回事呀？”

我请她不要急着表达，先想一想孩子出现这种情况的原因。

小雨妈妈靠在沙发上，闭上了眼睛。咨询室一片寂静。几分钟后，她开口了："我是管孩子太多了？"

有时候，太急于表达，反而会失去思考的机会。

我并没有回答这个问题。

"重走一遍"小雨的成长路

我说："也许你可以回想一下你家的情景，越详细越好。我们一起看看那是怎样的状况。"

小雨妈妈给我讲了她家的情况，最后她红着眼圈说："她爸爸对事业无欲无求，经常在家。我挺瞧不上他这点的，就想我不能让孩子和她爸一样。可是孩子又没有那么争气，我心里急。"

我说："你说孩子时可能没有太注意场合，也没有太关注她的感受。"

我决定采用角色扮演的方式，让她更深刻地体验小雨的感受。我邀请另一位咨询师来帮忙，请她扮演小雨妈妈。我们确定了几个场景，如考试没考好、开完家长会后训孩子、嫌孩子做事慢而去替孩子做等。

随后，我请小雨妈妈闭上眼睛，让她把自己想象成小小的、弱弱的小雨，请她体会小雨的心情。

我们一起模拟，"重走"小雨的成长路。

还没有扮演完所有场景，小雨妈妈就泣不成声，请求停下来。她对我说："老师，不用再继续了，我太心疼孩子了，我之前真是太残忍了！我只是想她进步再快一点儿，再快一点儿。我真是错了，错了！"

我们做成年人太久了，忘了自己是孩子时的样子。角色扮演让妈妈再次体验到了成长的艰难。

“我现在特别想抱着我女儿，告诉她我是真的爱她，但是险些害了她！”小雨妈妈哽咽着说。

我告诉她，我们做家长的，往往会忽略孩子的感受，所作所为更多是满足自己的需要。每个孩子都有自己的特点，有独特的成长节奏，家长期望的节奏和孩子自身的节奏不一致时，会产生各种矛盾。

一起期待奇迹发生

虽然小雨妈妈特别想马上见到小雨，但我还是请她再等一等。因为我们还有一件重要的事情要做，那就是谈一谈小雨爸爸。

在家庭中，占主导地位的那个人主动改变，更容易带动其他人一起改变。

小雨爸爸没有来，但他是家庭的一分子，他也需要调整。小雨妈妈说，那可能有难度，不过她在家里有话语权，会想办法让小雨爸爸改变。

小雨妈妈说：“他其实也爱孩子，但也不懂怎么爱，经常简单粗暴地对待孩子。”

随后，我们一起讨论了与孩子沟通的技巧。对于小雨而言，及时发现她的优点，并肯定她，帮助她提升自信，十分重要。

通常，我们遇到问题的时候，就是提示我们需要学习一些技能了。

技能很容易学习，更重要的是要在实践中应用。我打算邀请小雨参加讨论。不过，我提醒小雨妈妈，如果可以，先不要给小雨太大的情绪冲击，真诚的道歉就足够了。

小雨收到妈妈的道歉后，愣愣地看着我，我笑着对她说：“我们一起期待奇迹发生吧！”她有点儿迟疑地点点头。

我们随即讨论了许多沟通技巧，比如，当妈妈要唠叨时，小雨可以用什么方式进行提醒等。

我们约好一周后一起来看实施效果。

不是所有问题都能很快地得到解决，小雨一家人在调整过程中也遇到过问题，出现过反复。所幸，改变的“雪球”越滚越大。小雨期待的奇迹在大家的共同努力下，终于发生了。

写给家长的话

我听很多孩子说过：“我在家里和外边完全两个样。”身为父母，你真的“认识”你的孩子吗？你的孩子在你面前和在别人面前表现一样吗？当孩子的嘴巴或耳朵关上时，你能意识到吗？

这真是一个巨大的课题。

有时，我们做成年人太久了，可能会忘记自己做孩子时的样子。我们与孩子之间出现问题，可能是提示我们需要学习一些技能了。学做一个好妈妈或好爸爸，是我们身为父母一生的功课，我们需要随着孩子成长的脚步进行及时调整。

每当面对那些来咨询，愿意为了孩子进行调整的家长，我常常发自内心地为他们高兴。及早发现问题，尽早解决问题，这是真正的应对之道。当然，改变的过程是对以前固有模式的挑战，不会那么轻易实现，一定要有足够的耐心。

回应小测试："行动一小步"法则

所谓"行动一小步"，指解决问题的最小行动方案。一旦小的改变发生了，它会导致一系列的改变，最终导致系统性的大变化。

"行动一小步"的优势在于：不要那么多，只要一点点。这样的一点点，只要我们愿意，完成的难度相对很小。当我们发现自己可以做点儿和以前不一样的事情时，自信会一点点累积。用每天"行动一小步"来激励自己，给自己正向的暗示，会收到意想不到的效果。

再次提示：不要贪图快速改变。稳定的小进步才能保持改变的持久性。

也许，真正的"行动一小步"就是：

1. 原来不做家务的孩子吃完饭把自己的碗收到了厨房；

2. 不高兴就出手打人的孩子，在一次冲突中，想去推小朋友，但是想了一下，停手了；

3. 孩子答应减少玩游戏的时间，之前每天要玩 2 小时，今天玩了 1 小时 45 分钟。

……

不只是孩子，所有人的改变都需要"行动一小步"。请记录那些"一小步"，相信你离大目标会越来越近。

____

____

____

每一个小小的改变都值得关注。

体贴入微的妈妈和备受伤害的女孩

——没有界限地爱孩子其实是不负责任的行为

小测试

参照下图，用圆圈表示家长（P）和孩子（C），家长和孩子分别画出各自眼中的亲子关系。

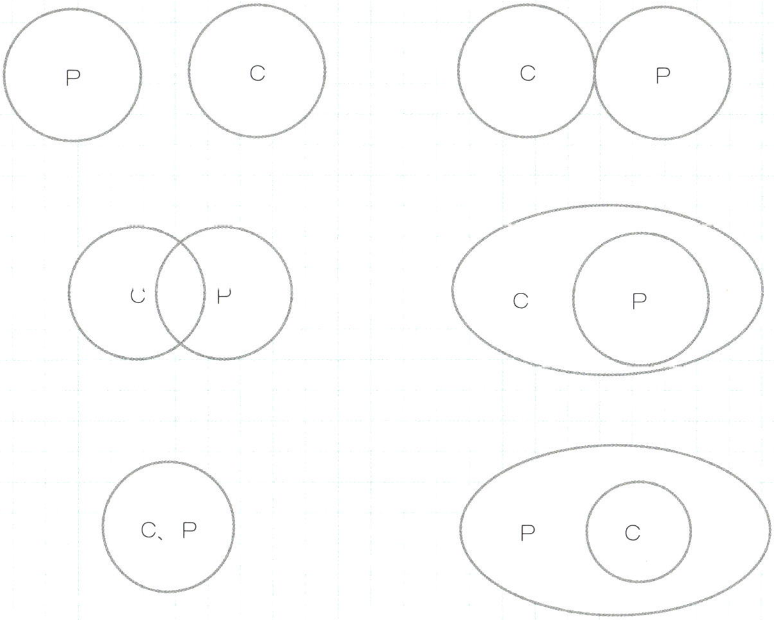

小薇考入了一所重点高中。开学两个月后，她变得非常烦躁，常在家里无缘无故地发脾气，还总把自己关在房间里哭泣。

小薇妈妈心急如焚，带着小薇来到咨询室。

“妈妈，你为什么要这么体贴”

小薇妈妈50多岁，看起来很能干。小薇娇小可爱，脸上有一些青春痘。母女俩分别坐在两个单人沙发上。

小薇还没有开口，眼泪就流了下来。她问我：“老师，心理咨询真的有用吗？我太痛苦了。”

我还没来得及说话，她妈妈主动接过话：“老师很有经验，你心里有什么事都可以跟老师说。我可以出去。”

“妈，你为什么要这么体贴，你越这样，我心里越难受！”小薇哭喊起来。

小薇妈妈有点儿蒙，手足无措地看着我，想起身去安慰小薇。

我示意她别动，轻声对小薇说：“心里有什么话就说出来吧，我们一起来想办法。”

孩子表达了对妈妈过往的一些关心自己的方式的不满，在找到更合适的方式之前，妈妈可以考虑先停一停。

小薇用双手捂着脸，几乎要把头埋在两腿间。她妈妈已经如坐针毡。我还是示意她不要动。

突然，小薇像下了很大决心一样，一边捶沙发，一边哭着说：“妈妈，我恨你！”

咨询室的气氛一下降到了冰点。

小薇妈妈愣了一下，眼泪流了下来。

“我现在这个状况，都是我妈造成的”

我试探着叫了一句：“小薇？”

小薇抬起泪眼看着我：“好，我豁出去了！”

小薇抽抽搭搭地告诉我，前一天她又不开心了，老师让大家组队活动，大家很快组好队，就是没人愿意和她一队。后来，老师把她安排到了男生队里。她听到女生们悄悄地说她有公主病，不愿意带她玩。

“这全赖我妈。她在家里什么事情都依着我，从来不拒绝我。现在，我根本适应不了学校生活！”小薇愤愤地说。

“所以，这就是你刚才说恨妈妈的原因？”我说道。

“是，我恨我妈。我现在这个状况，全是她造成的！”小薇说。

一边是孩子的恨，一边是父母的委屈，令人扼腕。本想让孩子一门心思好好学习，能有好的未来，却换来这样的结果，问题出在哪里？值得深思。

小薇妈妈一边抽泣，一边颤抖地说：“小薇，妈妈听了你这话，真是死的心都有了。我含辛茹苦把你带大，换来了什么？”

小薇的哭声也大了起来。

小薇妈妈说，她经历过好几次流产，年纪很大时才怀上小薇，一直把她当成自己的命根子，真是捧在手里怕掉了，含在嘴里怕化了。她丈夫生性木讷，家里家外全靠她一个人折腾。

“小薇从小学习好，也很乖，左邻右舍都夸她是个好孩子。我想我这半辈子辛苦不白费。然而，上了高中后，她突然像变了个人一样。我以为她遇到什么不开心的事了，就想给她找个心理老师。万万想不到，孩子原来是在怨恨我！”小薇妈妈说完，像耗光了力气一样，仰头靠在孩子出现问题，需要帮助的不仅是孩子，爱孩子但又束手无策的父母也需要支持和帮助。对这样的父母而言，一句肯定、一句温暖的话语，不但可以慰藉他们的心，更能够赋予他们克服困难的勇气和决心。

沙发上，任泪水默默地流。

“可怜天下父母心，把孩子养这么大，不容易啊！”我说道。小薇妈妈听完长叹了一声。

“我现在的世界就是一片灰”

我转向小薇，问道：“小薇，听了妈妈刚才说的这些，你有什么想说的吗？”

小薇泪眼婆娑地看着我，说：“这些我都知道，我妈说过不止一次了。我知道我妈最爱我，可是我又忍不住怨她。我每天就是学习，参加各种课外班。在原来的学校，老师喜欢我，有同学跟我一起玩。后来我的朋友越来越少。我跟我妈说，我妈说没事，让我好好学习，争取考一所好的学校，到时会有好朋友的。”

孩子没有朋友，孩子和朋友闹矛盾了……关于朋友，关于人际关系，是每个孩子成长过程中都要面对的课题。孩子在人际关系方面如果出现困扰，家长要及时想办法帮助孩子。

小薇抽了抽鼻子，继续说：“我考上了一所好的高中，可是我根本融不进同学的圈子。我不会处理人际关系，不会说话，还任性，老想让别人事事以我为中心，因此人家都不愿意和我一起玩。我好孤单啊。”

“是啊，年轻人都愿意和好朋友一起玩，没有朋友，就好像世界失去了颜色一样。”我说道。

“是的，老师！我觉得我现在的世界就是一片灰，所以我心里烦得不行，又不知道该怎么办。跟我妈说，我妈也帮不了我。”小薇渐渐停止了抽泣，急切地看着我。

“妈妈帮不了你，所以你就开始怨妈妈。”我说道，“我注意到，刚才说到妈妈时，你换了个词。”

小薇抬起头疑惑地看着我。

“你把‘恨’换成了‘怨’。”我轻轻地说。

小薇妈妈这时也坐直了身体。

小薇叹了口气，说："我刚才说完就后悔了，尤其是听到我妈说她的不容易，我也不是没良心。我觉得我不是恨她，是怨她，怨她没有给我好的教育。"

小薇妈妈好不容易止住的眼泪又流了下来。

我说："小薇，听到你这么说，我很感动。这些情绪本身没有问题。不过，过于激烈的词，妈妈可能接受不了。你能很快进行调整，我觉得你悟性挺高的。这样我对咱们一起合作解决你的困难就更有信心啦。"

我把"提供帮助"变成"合作解决困难"，是想提升孩子的参与度。家长在帮助孩子处理一些困扰时，也可以尝试这种方法。

小薇点点头，期待地看着我。

"老师，我溺爱孩子，我也知道我有问题，可是我真没想到给孩子带来了这么大的困扰。您快帮帮我们。"妈妈不知不觉已调整了状态，急切地说道。

表达是多么重要！有些事，孩子不说，家长是不会知道的。怎样才能让孩子主动表达？家长需要好好练练内功。

"我可以改变自己"

"不要急，我们慢慢来。重要的是，我们坐在这里，改变就已经开始了。"我微笑着说。

"小薇，我想和你讨论一下你对妈妈的'怨'。十几年过去了，妈妈一直对你呵护有加。现在，你对她的过分呵护有怨气，可是时光无法倒流，我们无法从头再来一次。"我停顿了一下说，"你打算怎么办呢？"

小薇轻轻地"啊"了一声，说："我没想过呀。"

"现在想也不算晚。"我说。

小薇沉默了一会儿，摇摇头："我好矛盾，又怨她，又爱她。怎么办啊？"

“爱她是不变的，怨她可以改变。”我说道。

“嗯？”小薇看着我。

我微笑道：“答案就在你身上。”

小薇又沉默了。

在小薇看来，问题的根源在妈妈。而在这里，我试图引导她为自己负责，让她知道自己也要参与到自己的成长中。

过了一会儿，她试探地说：“您是说我可以想办法改变自己？”

“我就说你悟性高嘛！”我冲她竖了个大拇指，说，“妈妈因为爱你，采用了不太妥当的教育方式。当妈妈不容易，她需要学习。随着年龄的增长，你也需要提升自己的社会能力，这就不能全靠家长了。不然你就永远长不大，永远是妈妈的小宝宝喽。”

小薇笑了。妈妈的神情也轻松起来。

小薇妈妈说：“她爸爸以前也说过我，说我惯孩子太厉害了。但我都怼回去了，后来他就不再说了。我家事事以孩子为中心，孩子不会考虑别人的感受，也没那个意识。我们习惯了，不觉得什么，可别人不会惯着她。其实，我也意识到了，但觉得还没那么严重。我以为她再大些就好了，没想到这么快问题就来了。”

“幸好现在发现问题了，我们从现在开始调整，不晚的。”我说道。

接下来，我们一起商讨以后遇到各种不同的问题时，妈妈怎么做比较恰当，女儿怎么做比较恰当。母女俩很认真地参与讨论，主动提出改进方法。

我对小薇说：“以前你是家里的小公主，想怎样就怎样，现在开始有变化了，也许你会觉得不舒服。”

“老师，我现在明白了。只有在家里学会考虑别人的感受，才可能在外边考虑到别人的感受。我不怕，我一定要好好改变。”小薇转过头又对妈妈说，“妈，你要提醒我。”

改变早已习惯的行为模式，任何人都会有不适感。

“可以说‘请妈妈提醒’，这样似乎比说‘你要提醒’更好，你仔细体会一下。”我提醒小薇。

“是哦，说话真是一门艺术啊！我要跟着您好好学习。”小薇高兴地说。

“好，那你再对妈妈说一遍，在实践中体会一下。”我说。

要掌握一种新技能，必须有意识地先练习，然后在生活中循序渐进地运用。

“那我正式说一次吧。”小薇起身站到妈妈面前，“妈，我要是没注意，还和以前一样以自我为中心，请您提醒我。”她认真地说道。

妈妈站起来时，抹了一下眼泪，连连点头，说：“好，好，也请你提醒我，咱们互相提醒吧。”

“对，互相提醒。”两人拥抱在了一起。

那一刻，我的眼睛也有些湿润。

以后会越来越好

第二周，小薇和妈妈一起过来时，轻松了好多。我们一起回顾了过去一周她们的改变，对出现的问题进行修正，并对所用方法进行了巩固。

此后就是针对小薇的个体咨询了。我们从和同学交往的小事开始讨论，小薇学习、思考、练习，举一反三。她说，自己调整后，神奇的事发生了，同学们不那么讨厌她了。

有一天，小薇很开心地告诉我，邻桌的女生上周末带她去玩“密室逃脱”。后来，她们一起去吃小吃，开心极了。小薇满脸喜悦地告诉我，这是她上高中以来最幸福的一天。

我笑着告诉她，以后会越来越好。

写给家长的话

所有父母都是爱孩子的，但不知道不恰当的爱背后可能藏着伤害。父母的角色，都是从没有实战经验开始的。初为父母，只能参照自己原生家庭的经验，参照自己的人生经历养育孩子，同时在不断试错、犯错中积累经验。

父母不懂得如何给孩子恰当的爱，使用错误的方法爱孩子，可能会让孩子的心灵伤痕累累。疗愈受伤的心灵，需要付出很大代价。如果父母能够在亲子生活中不断提升反省能力、爱孩子的能力，孩子的成长之路必然会走得十分顺畅。

当然，孩子一味地将自己的问题归咎于父母，而忽略了自身的调适能力，也是不可取的。小薇最初也有这样的心理，把自己遇到的困难都归咎于妈妈。父母固然有这样那样的问题，不过我们还是要多角度看问题。努力做到客观，不横加指责别人，才是解决问题之道。

回应小测试：边界练习

边界，原意指国家与国家、地区与地区之间的界限。

人与人之间需要边界，亲人之间也是如此。家庭中的很多问题都是家庭成员心理边界不清引发的。

在开篇小测试中，你和孩子画的图是否一样？

请趁此机会进行讨论，说说各自的想法，看看你家是否存在心理边界问题？如果有问题，你打算怎么调整？